도덕경

현대지성 클래식 25

도덕경

道德經

노자 | 소준섭 옮김

현대
지성

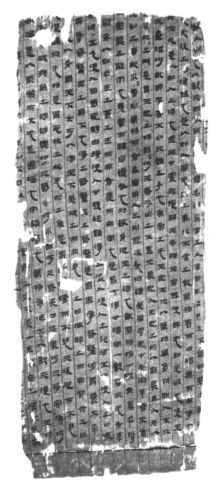

중국 후난성 장사시 마왕퇴 지역에서 발굴한
『도덕경』 백서*의 일부

---

* 백서帛書: 비단에 쓴 글.

머리말

진정한 지혜로의 여행

필자가 상하이에서 유학하던 시절, 어느 날 우연히 한 노래를 듣게 되었다.

'천재백치몽天才白痴夢'이라는 제목의 노래였다.

사람들은 모두 꿈을 찾네.

꿈속에서는 어디가 어딘지 알 수 없다네.

인생은 꿈과 같다네.

꿈속에서는 길흉이 돌고 돈다네.

하늘이 사람을 낼 때

모두 그 쓰임새가 있다네.

왜 굳이 꿈을 찾는가?

꿈속 달고 쓴 것 모두 헛것이라네.

권하건대 그대여! 지금 이 순간을 소중히 여겨

스스로를 무궁하게 즐겁고 편안히 하시구려.

왜 굳이 꿈을 찾는가?

人皆尋夢, 夢里不分西東

天造之才, 皆有其用

何必尋夢? 夢里甘苦皆空

勸君珍惜此際, 自當欣慰無窮

何必尋夢?

이국적인 곡조는 듣는 순간부터 왠지 모르게 나의 귀를 기울이게 하였다. 특히 가사의 한 구절 한 구절 모두 마음에 그대로 와 닿는 내용이었다. 나만이 아니라 모든 사람의 마음을 위로하고 보듬어 주는 그러한 노래였다.

이 노래에는 그 분위기에서 도교적 색채가 진하게 묻어난다.

진정한 '삶의 지혜'와 위로가 필요한 시대

도교道敎는 글이나 말로써 그 사상을 간략하게 표현하기는 어렵다. 하지만 우리 인간의 고단한 마음을 위로하고 보듬어주는 묘한 힘을 지니고 있다. 『논어』를 한 마디로 위정자를 비롯하여 모든 사람에게 성실한 삶을 살아가야 함을 가르치는 명저로 요약한다면, 『도덕경』은 여유 있게 욕심내지 않고 아무쪼록 느긋하게 살아갈 것을 권하는 책이다. 『도덕경』은 주입식으로 가르치거나 배울 책이 아니다. 『도덕경』은 그 내용이 인간의 본성과 가장 부합되기 때문에 모든 사람이 부담감 없이 편안하게 받아들일 수 있는 책이다. 그러기에 여전히 많은 사람들이 노자老子를 계속하여 찾고 또 『도덕경』을 읽고자 하는 것이리라.

　서양의 유명한 실존 철학자 마르틴 하이데거도 도교에 심취했다. 그는 특히 도교의 인간주의, 휴머니즘에 주목하였다. 이렇듯 노자의 『도덕경』은 비단 중국과 동양만이 아니라 서양에서도 비상한 관심을 모으고 있는 애독서로서 『성경』 다음으로 외국문자로 옮겨져 출판된 번역서의 발행부수가 가장 많은 명저이다.

　대체로 중국인들은 공인公人이라는 사회생활의 공간에서는 유교를 지향하면서 살고, 사인私人이라는 개인생활의 공간에서는 도교를 지침으로 삼아 산다고 한다. 실로 노자의 『도덕경』은 삶의 무게에 짓눌린 채 하루하루 고단하게 살아가야 하는 사람들의 마음을 위로하고 과연 어떤 삶을 지향해야 하는가라는 질문에 답하는 지혜의 길잡이이기도 하였다. 가히 '천 년의 사상'이고, '삶의 지혜'이자 일종의 '잠언'이다.

　『도덕경』은 부드러움이 능히 강한 것을 이기며, 밝음보다 어둠이 더욱 강력하다는 점을 역설한다. 우리에게 승리와 경쟁을 위해 앞에 있기 보다는 양보하여 뒤에 있을 것을, 또 위에 '군림'하는 것보다 낮은 곳에 '겸양'할 것을 차분하게 권한다. 그것은 틀에 박힌 우리의 모든 고정관념과 일체의 구속이나 속박 그리고 상식을 뛰어넘어 어디까지나 자유자재와 창조적 사고방식과 역설의 길을 제시한다. 인위人爲와 꾸밈, 수식修飾을 버리고 자연과 소박함으로 복귀해야 하며, 속도 대신 유장悠長함을 주장한다. 또한 기껏 자기과시의 수단으로 변질된 '지식'이 아니라 자기 삶의 주인이 되는 진정한 '지혜'를 추천한다.

『도덕경』은 어떤 책인가?

『도덕경』은 『주역』 그리고 『논어』와 함께 중국을 비롯한 동아시아의 사상 및 철학 체계에 가장 심대한 영향을 준 책이다. 『도덕경』은 정치를 주지主旨로 삼고 전통적인 동양 철학과 병법, 과학 그리고 양생지도養生之道를 논술하고 있다. 그리하여 내적으로는 성인의 재덕才德을 품고 외적으로는 왕도를 시행하는 이른바 '내성외왕內聖外王의 학學'으로 칭해진다. 근대 중국 학자인 후스胡適는 노자를 가리켜 중국 철학의 비조鼻祖[1]라 하였고, 위대한 문학가 루쉰은 "노자老子를 읽지 않고서는 인생의 진수를 알 수 없다."고 갈파하였다. 또 저명한 문학가이자 역사가인 곽말약郭沫若은 "『도덕경』은 훌륭한 정치 철학서이자 병서兵書이다."라고 말했다.

　『도덕경』은 상하 두 편으로 이뤄져 있다. 상편은 『덕경德經』, 하편은 『도경道經』으로 장이 나뉘어 있지 않았는데, 뒷날 『도경』 37편이 앞으로 나오고, 제38편 이후는 『덕경』으로 구성되어 총 81편으로 엮어지기에 이르렀다. '덕德'이라는 용어는 『도경』 상편에 두세 차례밖에 나오지 않는다.

　『도덕경』이라는 제목은 훗날 붙여진 이름이고, 처음에는 『노자』로 칭해졌다. 만경지왕萬經之王이라는 존숭까지 받고 있는 이 『도덕경』은 노자만이 아니라 그 제자들에 의해 완성되었다. 중국의 한자는 보통 창힐蒼頡이라는 사람이 만들었다고 알려져 있다. 하지만 정확히 말하자면 단지 한두 명의 뛰어난 인물이 창제한 것이라기보다 오랜 세월

1　비조鼻祖: 시조始祖.

에 걸쳐 일종의 '집단 지성'의 힘으로 만들어졌다고 보는 것이 올바르다고 하겠다. 『논어』도 공자와 그 제자들의 '집단 지성'에 의하여 만들어졌듯이, 『도덕경』 역시 노자와 그 제자들의 '집단 지성'으로 완성되었다.

흔히 노자 『도덕경』이라 하면 쉽게 현실 도피 혹은 소극주의나 은둔이라는 이미지만을 떠올리게 된다. 하지만 노자 『도덕경』은 인간과 사회 그리고 우주에 이르기까지의 근본과 원칙을 일관되게 궁구하였고, 그리하여 가장 치열한 사유와 통찰의 산물을 낳았다. 그것은 도리어 우리 인간의 삶에 구체적이고 실제적으로 착근하여 가장 주체적이며 적극적인 삶을 주창했다.

노자가 살았던 춘추시대는 제후 각국 간에 무력에 의한 전쟁이 끊이지 않았고, 사회의 예의윤리가 회복할 수 없이 붕괴된 상태였다. 노자는 이렇게 인간사회에서 분쟁이 끊어지지 못하는 것은 모두 성인聖人이나 예의, 법령, 욕망, 지혜 등 '인위적이며' '작위적인' 정책이나 조치 때문이라고 인식하였다. 노자에 의하면, 사회가 명리, 권력, 금력 그리고 승부욕 등의 명예를 중시하기 때문에 천하는 유한한 자원이라는 조건하에서 필연적으로 점유를 위한 전쟁을 빈번하게 일으킬 수밖에 없다고 한다. 따라서 노자는 자연으로의 복귀와 무위에 순응하는 정치, 지혜와 단절한 청정한 자연세계의 규율을 제기하였고, 이로부터 비로소 유약함이 능히 강함을 이기며, 소국과민小國寡民의 평정平靜한 생활에 이를 수 있다고 강조하였다. 결국 노자는 '도道'가 철학적 측면에서 천지만물의 시초이자 모태이며, 음양의 대립과 통일은 만물 본질의 체현이고, 물극필반物極必反은 만물 변화의 규율임을 천명하고 있다. 또 윤리적 측면에서 노자의 '도'는 소박함과 청정 그리고 겸양,

무사無私, 유약柔弱, 담박淡泊 등 자연에 순응하는 덕성을 주창하였다. 아울러 정치적 측면에서는 대내적으로 무위정치를 강조하였고, 대외적으로 평화공존과 전쟁 및 폭력 반대를 지향하였다. 이렇게 하여 『도덕경』은 자연의 '도'로부터 출발하여 윤리적인 '덕'에 이르고 있으며, 다시 최종적으로 이상정치의 길을 제시하고 있다.

한편 『도덕경』은 간결하면서도 함축미를 지니며 예술성이 대단히 높은 언어들을 구사하고 있다. 대문호 임어당林語堂은 "노자의 탁월한 언어는 마치 부서진 보석처럼 꾸밀 필요도 없이 반짝이며 빛난다."고 극찬하였다. 뿐만 아니라 『도덕경』은 전편에 걸쳐 빼어난 비유와 대구對句, 배열, 설문設問과 반문反問 등 다양한 형태의 수사 방식이 유려하게 운용되고 있다. 이렇게 하여 글의 정확성과 선명성 그리고 생동감을 높임으로써 논지의 설득력을 배가시키고 시종일관 독자들의 감동을 이끌어내고 있다. '상선약수上善若水', '천장지구天長地久', '공성신퇴功成身退', '소국과민小國寡民' 등 금언과 좌우명이 될 만한 문장들을 읽는 즐거움 역시 독자의 몫이다.

진정한 지혜로의 여행

우리네 삶은 갈수록 고단해진다. 적자생존과 약육강식의 논리만이 작동하는 오늘의 현실에서 승자가 모든 것을 독식하는 반면 패자는 두 번 다시 재기할 수 없는 채 어둠의 뒤안길에서 하염없이 서성여야 한다. '1등만 기억하는' 사생결단식의 살벌하기 짝이 없는 경쟁과 오로지 입신양명立身揚名만을 지향하는 출세 지상주의는 날이 갈수록 극단으로 치닫고 있다. 독점과 차별 그리고 소외의 높다란 비인간적 반자연적 장벽들은 우리를 철저하게 포위한 채 옥죄고 있다. 이제 우리 주위에서 자연스러움과 느긋함을 즐기는 삶의 여유란 마치 사막에서 오아시스를 찾는 것처럼 너무도 어려운 일이 되어버렸다. 미세먼지와 지구온난화로 대표되는 지금의 심각한 환경재앙과 암으로 상징되는 죽음의 질병은 기실 세상에 만연된 인위人爲와 반反자연의 필연적 귀결이다. 그것은 오로지 끝을 모르는 성장과 개발 그리고 적나라한 이익 추구로만 치달아온 우리 인간들에 대한 분명한 경고이기도 하다.

오래 전부터 적지 않은 지인들이 노자 『도덕경』은 국내의 어떤 번역서를 봐야 좋은가 추천해달라고 하였다. 또 노자 『도덕경』을 공부하고 있는데, 본래 너무 난해한데다가 국내 번역서들의 해석이 모두 다른 까닭에 커다란 곤란을 겪고 있다는 하소연도 여러 차례 들었다. 한자는 본디 표의문자, 뜻글자로서 함축성이 높다. 고어로 갈수록 문장이 더욱 간결하여 그 경향이 강하게 나타나고, 그 중에서도 특히 노자 『도덕경』은 함축성이 깊기로 유명한 책이다. 그러기에 해석에서 다양한 견해가 나오는 것은 당연한 일이기도 하다. 필자는 단지 문자와 자구의 해석이라는 '나무'에만 머물지 않고 노자 사상의 전체 맥락이라는 '숲'의 시각으로써 해석하고자 최대한 노력했다. 다만 지나치게 추상과 현학으로 흐르는 것은 최대한 경계하고자 하였다. 왜냐하면 그것은 '참된 지혜'가 아니라 노자가 그토록 멀리 하고자했던 '인위人爲'이자 '수식修飾'의 어리석음을 다시 범하는 셈이기 때문이다.

필자는 얼마 전 『논어』를 옮겨 세상에 내놓았는데, 이제 감히 『도덕경』까지 소개하는 영광을 얻게 되었다. 이 글을 쓰는 동안 내내 '노자의 생각'에 흠뻑 빠질 수 있었다. 시종여일하게 배치된 역설과 반어

법과 대구對句 그리고 비유들은 비상하게 날카롭고 너무나도 기발한 나머지 때론 궤변처럼 때론 공허한 수사학처럼 들리기도 했지만, 그 가르침과 생각들은 이내 따뜻하게 다가왔고 마침내 충분히 이해되었다. 지혜의 세계로의 따뜻한 여행이었다. 노자가 수장실守藏室이라는 국가도서관 관리였던 점도 도서관에서 근무하는 필자로서 자그마한 인연의 끈이지 않을까 억지를 부려본다.

갈수록 '부자연不自然'과 '반자연反自然'이 만연하고 탐욕과 인위, 기교, 과시, 기만이 팽배해지고 있는 오늘의 현실이야말로 진정 '노자의 생각'을 절실히 요청하고 있는 시대임에 틀림없다. 고단한 오늘의 현실을 사는 우리에게 노자가 인도하고 권하는 그 세계는 진정한 지혜의 보고寶庫이자 마음의 든든한 양식糧食이 될 것임을 믿는다.

아무쪼록 졸저가 독자 제위께 조금이라도 힘과 도움이 될 수 있다면 더할 나위 없는 보람이 될 것이다.

여의도에서
글쓴이

차례

상
편

道經

도
경

일러두기

1. 각 장의 소제목은 원문에 있는 제목이 아니라 내용에 쉽게 접근할 수 있도록 저자가 붙인 것임
   을 미리 밝힙니다.

2. 어려운 한자나 낱말의 뜻풀이는 국립국어원 〈표준국어대사전〉을 따랐습니다.

1장   '도'는 말해질 수 있지만, 그것은 세상에서 흔히 말하는 '도'가 아니다

道可道, 非常道, 名可名, 非常名.[2]
도 가 도   비 상 도   명 가 명   비 상 명

無名, 天地之始, 有名, 萬物之母.
무 명   천 지 지 시   유 명   만 물 지 모

故常無, 欲以觀其妙, 常有, 欲以觀其徼.
고 상 무   욕 이 관 기 묘   상 유   욕 이 관 기 요

此兩者, 同出而異名, 同謂之玄.
차 량 자   동 출 이 이 명   동 위 지 현

玄之又玄, 衆妙之門.
현 지 우 현   중 묘 지 문

'도道'는 말해질 수 있지만, 그것은 세상에서 흔히 말하는 '도'가 아니다. '명名'은 말해질 수 있지만, 그것은 세상에서 흔히 말하는 '명'이 아니다.

무명無名은 천지의 시작이고, 유명有名은 만물의 어머니이다.

그러므로 언제나 무無로부터 도道의 오묘함을 살펴 깨달을 수 있고, 유有로부터 도의 단서를 살펴 깨달을 수 있다.

무와 유는 동일한 것으로부터 나와 서로 다른 이름으로 불리지만

---

2   이 구절을 道可道也, 非恒道也, 名可名也, 非恒也名로 표기하고 있는 판본도 있다.

모두 현묘하고 심오하다.

현묘하고 또 현묘하니, 우주천지 만물의 오묘함의 문門이다.

—— 한자 풀이

道도 첫 번째 도道는 명사이고, 두 번째 도道는 동사로서 "언어로 표술表術되다."의
　　　 의미이다.
名명 첫 번째 명名은 명사이고, 두 번째 명名은 동사로서 "말하다."의 의미이다.
母모 '본원', '근원'을 뜻한다.
徼요 '변경邊境'이라는 뜻을 가지고 있으며, '단서'로 해석한다.

—— 깊이 보기

'도道'는 만물의 '본원本源'이며 '실질'이다

『도덕경』이 저술되기 전부터 '도道'라는 용어는 이미 존재하고 있었다.
『설문說文』은 '도道'를 "도, 소행도야道, 所行道也"로 풀이했다. 그리하여
도는 '사람이 다니는 길', '도로'의 의미를 지니게 되었고, 점차 '사물
의 규율성'을 의미하는 '도리道理'라는 뜻을 가지게 되었다. 전국시대
에 이르러 '도道'라는 말의 함의는 이미 보편적으로 사용되어, 병가兵家
의 '도道'는 용병지도用兵之道의 '도道'였고, 법가의 '도道'는 이법치국以法
治國의 '도道'였다. '도'는 사람들에 의해 인식되고 받아들여져, 이른바
'상도常道'가 되어 있었다.

노자는 『도덕경』을 저술하면서 그 서두에 자신이 말하는 '도'가 사람들이 흔히 알고 있는 '상도常道'와 구별되는 특수한 도道라는 점을 강조하였다. 그리하여 노자가 말하는 '도'는 이미 세속 사회를 초월하여 자연법칙의 '도'에 접근하는 개념을 가졌으며, 천지만물의 시초 혹은 모태를 뜻했다. '도'는 『도덕경』에서 가장 추상적인 개념 범주로서 천지만물 생성의 원천이자 동력으로 이해된다. '도'란 가장 근본적인 것이다. '본원本源'이며 '실질'이다. 그리하여 도는 비단 '우주의 도', '자연의 도'만이 아닌 만물 개체의 수도修道 방법이기도 하다. 노자는 '현玄'이라는 용어로 '도'의 특수성과 오묘함을 묘사하고자 하였다. 『설문說文』은 '현玄'을 "현, 유원야玄, 幽遠也"로 풀이하고 있는데, 이는 "신묘神妙 혹은 심오深奧하여 잡아내기 어렵다."의 의미를 지닌다.

예로부터 "도가도, 비상도道可道, 非常道" 부분에 대한 해석은 여러 갈래로 나뉘어 왔다. 그간 주류를 점해온 해석은 "만약 도를 언어로써 말한다면, 그것은 영원히 존재하는 도가 아니다."가 있다. 이는 한비자韓非子의 해석을 비롯하여 그간 『노자』에 대한 주류적 해석이었다. 즉, 도란 언어로써 말해질 수 없다는 견해였다. 또 다른 해석으로는 "도란 언어로써 말해질 수 있다. 단 도는 영원히 불변하는 것이 아니다."라는 해석이 있다. 당 현종 등이 이러한 해석을 한 바 있다.

'명名', 무명無名과 유명有名

한편 '무명無名'이란 만물의 시초 상태이다. 그 성질은 '공무空無'로서 곧 '도' 그 자체이며, '도'의 본질 속성이다. 이에 반해 '명名'은 사물의 존재를 의식한 뒤, 그 사물의 성격에 대한 인식에 의하여 각기 '이름'을 명명하는 것을 뜻한다. 먼저 물질 존재가 있어 이것이 곧 '도'이며,

그러한 연후에 사물에 대한 의식과 인식이 생겨나 '이름', '명名'이 붙여지게 된다. 그리하여 '도'는 객관적 존재이고, '명'은 그 객관적 존재에 대한 인식이다.

무명즉항, 유명즉변無名則恒, 有名則變. 이름이 없으면 영원 장구하지만 이름이 있으면 그로부터 다시 이름이 생기게 된다. 하나의 이름은 다른 이름을 낳고 그로부터 또 다른 명칭이 생긴다. 노자에 의하면, 세상에서 말하는 '이름', '명名'은 대체로 세속의 명예와 관직, 지위를 가리키는 말로서 거짓된 허명虛名이요 유위有爲이며 인위이고 작위作爲이다. 소박, 순박, 질박하지 못하고 수식修飾이자 꾸밈이며 비순수일 뿐이다. 그리하여 노자는 이름, 명名(명칭)이야말로 인간 사회에서 분쟁을 초래하는 주요한 근원 중의 하나라고 파악한다.

'유有'와 '무無'

'유有'는 구체적 존재의 사물을 가리키며, '실유實有'로도 칭해진다. '무無'는 무형무상의 허무를 가리킨다. 유무상통, 유무상생有無相通, 有無相生. '무無'는 '유有'를 낳고, '유有'는 '무無'에 돌아간다. 이는 만사만물이 시작되는 기점이자 마침표로서의 종점이며, 운동 변화의 최후 규율이다. '유'와 '무'는 일체一體의 양극으로서 상호 전화轉化하며 어느 일방을 향한 운동이자 쌍방향운동 혹은 역방향의 운동이다. '무'는 도道 허무虛無의 존재이며, 유는 도道 실제實際의 존재이다. 결국 '유'와 '무'는 곧 '도道'이고, 그 양면이다.

2장 성인聖人은 무위無爲로써 처리하고, 불언不言의 가르침을 행한다

天下皆知美之爲美, 斯惡已.
천 하 개 지 미 지 위 미   사 오 이

皆知善之爲善, 斯不善已.
개 지 선 지 위 선   사 불 선 이

故有無相生, 難易相成, 長短相形, 高下相傾, 音聲相
고 유 무 상 생   난 이 상 성   장 단 상 형   고 하 상 경   음 성 상

和, 前後相隨.
화   전 후 상 수

是以聖人處無爲之事, 行不言之敎.
시 이 성 인 처 무 위 지 사   행 불 언 지 교

萬物作焉而不辭, 生而不有, 爲而不恃, 功成而弗居.[3]
만 물 작 언 이 불 사   생 이 불 유   위 이 불 시   공 성 이 불 거

夫唯弗居, 是以不去.
부 유 불 거   시 이 불 거

　　천하 사람들이 모두 아름다운 것을 알 수 있는 까닭은 바로 추한 것이 있기 때문이다.
　　천하 사람들이 모두 선한 것을 알 수 있는 까닭은 바로 착하지 않

3　이 구절을 萬物作而弗始不也, 爲而弗志也, 成功而弗居也로 표기하는 판본도 있다.

은 것이 있기 때문이다.

그러므로 유有와 무無는 상생相生하며, 어려운 것과 쉬운 것은 서로 어울려 형성되고, 긴 것과 짧은 것도 서로 비교하여 대조하며, 높은 것과 낮은 것도 서로 기댄다. 음音과 소리는 서로 어울려 조화를 이루고, 앞과 뒤는 서로 이어진다.

성인聖人은 무위無爲로써 일을 처리하고, 불언不言의 가르침을 행한다.

자연에 맡겨 자라도록 하되 간섭하지 않고, 만물을 기르되 점유하지 않는다.

남을 돕고도 그것을 이용하지 않고, 공을 이루고도 그 지위에 오르지 않는다.

공을 세우고도 자랑하지 않으니 공을 잃지 않는다.

—— 한자 풀이

斯 사 '즉'의 뜻이다.

形 형 "대조하다."의 의미로서 교較로 표기된 판본도 있다.

處 처 "결정하다.", "처리하다."로 해석한다.

不言 불언 '언言'은 '강제성 있는 인위적 조치'를 의미한다.

居 거 "스스로 공이 있다고 여기다."로 해석한다.

'무위無爲'란 무엇인가?

노자는 일상의 사회현상과 자연현상을 통하여 만물의 존재를 기술하면서 그 모든 것들이 상호 의존하고 상호 작용하며 대립하되 통일된다는 점을 설파하고 있다. 또 노자는 '무위'라는 개념도 제시하고 있다. 그런데 이 '무위'란 '아무 일도 하지 않는 것'이 아니다. 그것은 오히려 사람들로 하여금 자연에 순응하게 하고 사물의 객관 규율을 준수하도록 돕는다.

이 글에 나오는 '성인聖人'은 소리 없는 것을 들으며 보이지 않는 것을 볼 수 있는 사람을 뜻한다. 또한 능히 지혜를 체득하고 실행하며 '도道'로써 입신처세立身處世하는 사람이다. "집 밖을 나가지 않았지만 능히 천하의 모든 일을 꿰뚫어 보았던" 전국시대 초나라 선비였던 첨하詹何, 전국시대 위나라 문후의 벗이자 도학道學으로 천하에 명성이 높았던 전자방田子方, 그리고 노자 등이 그 대표적인 인물이다. 한 고조 유방을 보좌하여 천하통일의 공을 세우고도 스스로 물러났던 장량 역시 성인의 범주에 속한다. 다만 도가에서 말하는 성인과 유가에서 말하는 성인은 서로 상이하다. 유가에서 말하는 성인이란 천하에 나아가서 백성의 이익을 위해 헌신하는 인덕이 높은 인물을 가리킨다.

3장   현명한 사람의 허명을 존중하지 않으면, 백성들은 서로 다투지 않게 된다

不尙賢, 使民不爭.
불 상 현   사 민 부 쟁

不貴難得之貨, 使民不爲盜.
불 귀 난 득 지 화   사 민 불 위 도

不見可欲, 使民心不亂.
불 현 가 욕   사 민 심 불 란

是以聖人之治, 虛其心, 實其腹, 弱其志, 强其骨.
시 이 성 인 지 치   허 기 심   실 기 복   약 기 지   강 기 골

常使民無知無欲, 使夫智者不敢爲也.
상 사 민 무 지 무 욕   사 부 지 자 불 감 위 야

爲無爲, 則無不治.
위 무 위   즉 무 불 치

　　현명한 사람의 허명虛名을 존중하지 않으면 백성들은 서로 비교하며 다투지 않게 된다. 얻기 어려운 재물을 귀하게 여기지 않으면 백성들은 도적이 되지 않는다.

　　욕망을 자극하지 않으면 백성들의 마음은 어지러워지지 않는다.

　　그러한 까닭에 성인의 정치는 마음을 담담하게 하며, 배불리 먹도록 하고, 명리를 추구하는 뜻을 줄이게 하며, 몸을 건강하게 한다.

　　또 사람들로 하여금 지나치게 많은 생각과 욕심을 내어 일을 그르

치지 않도록 한다. 재지才智[4]가 있는 자라도 함부로 일을 벌이지 못하도록 한다.

이렇게 청정무위의 정치를 펼치면 곧 천하는 잘 다스려지게 된다.

―― 한자 풀이

智者 지자 '재지才智가 있는 사람'을 가리킨다.
弱其志 약기지 지志는 '경쟁하려는 마음'을 뜻한다.

―― 깊이 보기

현인賢人은 사라지고

이 글에서 노자는 그의 정치사상을 논하고 있다. 그는 '도'를 체현한 '성인'은 마땅히 '현인賢人'을 숭상하고 존중하지 않아야 한다고 강조한다. 현인을 숭상하게 되면 사람들은 필연적으로 명예와 지위 그리고 소유욕을 숭상하게 되고 입신양명立身揚名의 풍조가 팽배해짐으로써 이를 둘러싼 격렬한 경쟁과 충돌이 발생하게 된다. 이는 결국 천하대란을 초래할 수밖에 없게 된다는 점을 노자는 경고하고 있다.

본래 '현인賢人'이란 '재덕才德을 겸비한 사람'이라는 뜻이었다. 그러나 춘추시대에 이르러 현인의 의미는 이미 크게 퇴색하여, 이제 단

---

4   재지才智: 재주와 슬기를 아울러 이르는 말.

순히 '재능이 있는 사람' 혹은 '고관대작의 지위에 오른 사람'을 통칭하고 있었다. 그러므로 여기에서 노자가 말하는 '현인賢人'은 본래 의미의 '현인賢人'이 아니고, 술수를 부려 이익과 자리를 탐하는 권귀權貴[5]나 학문을 왜곡하여 통치자에 아부하는 아첨배 무리를 가리키고 있다.

　『도덕경』의 이 장이 노자의 우민정책을 드러내고 있다는 비판도 있다. 그러나 노자가 여기에서 말하고자 하는 바는 어디까지나 사람들이 그 자연 본성에 따라 허영을 버리고 건강하며 무리한 경쟁으로 희생되지 아니 하는 사회가 되어야 한다는 것이었다. 노자는 이를 위한 필수적인 조건으로 특히 위정자에게 무위정치無爲政治의 실행을 주문하였다. 무위정치란 한 마디로 백성들에게 여유 있는 생활과 생산환경을 제공하고 강제적으로 간여하지 아니함으로써 백성을 수고스럽게 하지 않고 자연에 순응하는 정치를 말한다.

5　권귀權貴: 지위가 높고 권세가 있음. 또는 그런 사람.

4장 　도는 비어 있는 듯 보이지만 그 쓰임은 무궁무진하다

道沖, 而用之或不盈.
도 충　이 용 지 혹 불 영

淵兮! 似萬物之宗.
연 혜　사 만 물 지 종

挫其兌, 解其紛, 和其光, 同其塵.
좌 기 예　해 기 분　화 기 광　동 기 진

湛兮! 似或存.
담 혜　사 혹 존

吾不知誰之子.
오 부 지 수 지 자

象帝之先.
상 제 지 선

　도는 비어 있는 듯 보이지만, 그 쓰임은 무궁무진하다.

　심원하도다! 마치 만물의 조종祖宗과 같다.

　그 날카로움을 무디게 하고 갈라진 것을 풀며 그 빛을 조화롭게 하고 자신을 속세의 먼지와 섞는다.

　보이지 않는구나! 그러나 실제 존재하는 듯도 하다.

　나는 도가 누구의 후손인지 알 수 없다.

　아마도 천제天帝의 조상인 듯하다.

沖 충 '빌 충盅'과 통하며, '공허空虛'의 뜻으로서 "그치지 않다."는 의미도 내포한다.

淵 연 '심원深遠'의 뜻이다.

兌 예 '예리할 예銳'의 의미이다.

湛 담 심沈과 통한다.

似或存 사혹존 "존재하는 것 같다."의 뜻으로 해석한다.

───── 깊이 보기

도는 어디로부터 왔는가?

이 글은 '도道'의 함의含意에 대한 논술이다. 도란 공허空虛하여 보이지 않고 마치 존재하지 않는 것처럼 여겨지지만, 결코 끊이지 않고 면면하게 계속 이어진다. 그리하여 그 쓰임은 끝도 없고 다함도 없다. 도는 비록 그렇듯 허체虛體이지만, 그것은 '아무것도 존재하지 않는' 것이 결코 아니다. 그것은 물질세계를 창조하는 요소를 내재하고 있다. 그리고 그 요소들은 지극히 풍부하고 태고太古의 지극히 먼 오래전부터 존재하였다. 노자는 "도가 어디로부터 왔는가?"라는 질문에 대하여 직접적인 대답은 하지 않는다. 대신 천제天帝에 앞서 이미 존재하고 있다고 말함으로써 무신론의 입장을 분명히 드러내고 있다.

이 글에 나오는 '화기광, 동기진和其光, 同其塵'으로부터 '화광동진和光同塵'이라는 유명한 성어가 만들어졌다. "날카로움을 감추다."는 의미로 널리 사용된다. 세상과 다투지 않고 평화롭게 처세하는 방법이다.

물론 노자의 무위사상의 체현이다.

5장 천지는 본래 인仁, 불인不仁이 없다

天地不仁, 以萬物爲芻狗.
천 지 불 인   이 만 물 위 추 구

聖人不仁, 以百姓爲芻狗.
성 인 불 인   이 백 성 위 추 구

天地之間, 其猶橐籥乎, 虛而不屈, 動而愈出.
천 지 지 간   기 유 탁 약 호   허 이 불 굴   동 이 유 출

多言數窮, 不如守中.
다 언 삭 궁   불 여 수 중

   천지는 본래 인仁이라 일컬을 것도 없고 불인不仁이라 일컬을 것도 없이 만물을 대하기를 마치 희생개처럼 볼 뿐이다. 어느 것에 특별히 좋게 대하고 어느 것에 특별히 나쁘게 대하지 않는다.

   성인은 본래 인仁이라 일컬을 것도 없고 불인不仁이라 일컬을 것도 없이 백성을 대하기를 마치 희생개처럼 볼 뿐이다. 어떤 사람에게 특별히 좋게 대하고 어떤 사람에게 특별히 나쁘게 대하지 않는다.

   하늘과 땅 사이는 마치 풀무와 같아서 비어 있으나 힘은 끝이 없고 움직일수록 힘이 더욱 커진다.

   정령政令이 빈번해지면 사람들을 피폐하게 만드니, 차라리 내면의 허정虛靜[6]을 지키는 것만 못하다.

多言 다언 "정령政令이 많아지다."로 해석한다.

橐籥 탁약 '풀무'를 말한다.

守中 수중 "내면의 허정虛靜을 지키다."로 해석한다.

―― 깊이 보기

마땅히 허정虛靜을 지켜야 할 일이다

노자는 이 글에서 '유위有爲'에 대한 반대라는 관점에서 '무위無爲'의 도리를 설파하고 있다. 그리하여 천도에서 시작하여 인도人道를 논하고, 자연에서 시작하여 사회를 논하면서 마땅히 자연에 순응하고 허정虛靜을 지켜야 한다고 설파한다.

'추구芻狗'는 '희생개'를 말한다. 제사 때 바치는 동물을 흔히 양을 사용하여 희생양이라 하는데, 고대시대에는 개도 사용하여 희생개가 있었다.

천지불인, 이만물위추구, 성인불인, 이백성위추구天地不仁, 以萬物爲芻狗, 聖人不仁, 以百姓爲芻狗. 천지는 만물을 똑같이 대하여 그저 자연스럽게 놔둘 뿐, 하늘은 하늘의 일을 하고 땅은 땅의 일만 한다. 성인 역시 백성을 똑같이 대하여 그저 자연스럽게 놔둘 뿐, 성인 자신의 일을 한

---

6 허정虛靜: 아무것도 생각하지 아니하고 사물에 마음이 움직이지 아니하는 상태에 있음. 또는 그런 정신 상태.

다. 이 구절에 대한 해석은 다양하다. 하나의 해석은 "천지간에 인仁을 찾을 수 없다. 왜냐하면 천지 만물 모두 영혼이 없는 희생개가 되었기 때문이다. 성인은 인을 찾을 수 없다. 왜냐하면 모든 사람들이 영혼이 없는 희생개가 되었기 때문이다."이다. 또 다른 해석은 "하늘은 은혜를 베풀지 않는다."이다. 이는 '인仁'을 '인人'으로 해석하여 '천지불인天地不仁'을 "하늘은 인간과 같지 않다."로 풀이한 것이다.

6장 곡신谷神은 영원히 죽지 않는다

谷神不死, 是謂玄牝.
곡 신 불 사   시 위 현 빈

玄牝之門, 是謂天地根.
현 빈 지 문   시 위 천 지 근

綿綿若存!
면 면 약 존

用之不勤.
용 지 불 근

천지만물을 낳고 기르는 도道, 곡신谷神은 영원히 죽지 않으니, 이
것을 현묘[7]한 모성母性, 현빈玄牝이라 한다.

이 현묘한 모체母體의 생육의 문을 하늘과 땅의 근원이라 한다.

계속 이어져 끊임이 없구나!

그 쓰임은 다함이 없다.

---

7   현묘玄妙: 이치나 기예의 경지가 헤아릴 수 없이 미묘하다.

玄 현 '유원미묘幽遠微妙'와 통한다. '현묘玄妙'로 해석한다.

牝 빈 '모성母性', '모체母體'를 뜻한다.

勤 근 진盡과 통한다.

—— 깊이 보기

도는 처하지 아니하는 곳이 없다

노자는 여기에서 '도'의 특징을 설명한다. 도는 '공허空虛'하지만 동시에 실재한다. 도는 만물을 낳고 그침이 없다. 시간이라는 개념으로 보면, 도는 영구하게 쇠하지 않고 장구하다. 또 공간이라는 개념에서 보면, 도는 처하지 아니하는 곳이 없다. 이러한 도의 특성은 곡谷과 신神 그리고 현빈玄牝으로써 상징, 비유되고 있다.

곡谷은 '공허空虛'를 상징한다. 도가에서 '도道'의 상태는 일종의 '공空'과 '허虛'의 상태로 이해되었고, '골짜기'는 이러한 '공허'를 표현하고 있다. 그리하여 곡신谷神은 '대자연'을 뜻하고, 곧 도道를 의미한다.

이 장의 주제는 도는 영원히 죽지 않는다는 도의 영구성에 대한 천명이다. 아울러 만물을 낳고 기르는 도의 쓰임과 작용은 다함이 없다는 도의 무궁함을 논술하고 있다.

노자는 이러한 도의 특성을 특히 모성, 현빈지문玄牝之門에 비유하여 설명하고 있다. 사람들은 이러한 현빈지문과 천지근天地根을 생식기능과 연결시켜 천지만물의 시원始原으로 파악하면서 훗날 양생술[8]에 응용하였다.

7장   천지는 장구하게 존재한다

天長地久.
천 장 지 구

天地所以能長且久者, 以其不自生.
천 지 소 이 능 장 차 구 자   이 기 부 자 생

故能長生.
고 능 장 생

是以聖人後其身而身先, 外其身而身存.
시 이 성 인 후 기 신 이 신 선   외 기 신 이 신 존

非以其無私邪?
비 이 기 무 사 사

故能成其私.
고 능 성 기 사

천지는 장구하게 존재한다.

천지가 그렇게 장구하게 존재할 수 있는 까닭은 그것의 모든 운행과 존재가 자신을 위한 것이 아니기 때문이다.

그러므로 장구할 수 있다.

성인은 언제나 자신을 뒤에 두기 때문에 도리어 다른 사람의 앞에 있게 되고, 또 자신을 바깥에 두기 때문에 능히 자신을 보전할 수 있다.

바로 사사로움이 없기 때문이지 아니한가?

그러므로 도리어 자기의 목적을 이룬다.

───── 한자 풀이

自生 **자생** "자신을 위하다."의 뜻으로 해석한다.

───── 깊이 보기

사사로움이 없기 때문에 도리어 그 목적을 이룬다

노자는 이 글에서 천지天地의 덕을 찬미한다. 그는 천지가 도의 규율에 의거하여 운행하면서 진정으로 도를 체현하고 있음을 찬양한다. 천지는 사사로움이 없기 때문에 장구하다. 노자는 그러한 천도天道를 인도人道가 본받기를 희망한다. 『도덕경』은 특히 비유와 대구對句를 사용한다는 특징을 가지고 있다. "사사로움이 없기 때문에 도리어 자기의 목적을 이룬다." 간결하면서도 기발하며 또 역설적이다. 언뜻 궤변처럼 보이고 서로 모순되는 듯 들리지만, 이내 곧 고개를 저절로 끄덕일 수밖에 없고 생각하면 할수록 함축적이다.

『도덕경』은 우리를 둘러싸고 있는 자연과 삶의 가장 구체적인 사물과 사례를 사용해 독자와 화자로 하여금 구체적 사유思惟와 직관을 할 수 있도록 이끈다. 이 글에서도 그 사유의 세계를 천지天地라는 사례로 들어 우리를 성인聖人에게로 친절하게 인도하고 있다. 위대한 사상가 노자가 이처럼 탁월한 교육자이기도 했다는 사실은 그간 별로 주목하지 않았던 점이다. 노자는 자칫 현학과 추상 그리고 사변思辨으로 흐르기 쉬운 이론적이고도 철학적인 범주의 갖가지 문제들을 우리 삶 주변의 구체적 사례를 인용하고 비유, 대비시켜냄으로써 듣는 사람들로 하여금 쉽게 이해할 수 있도록 한다. 가히 최상의 강의 방법이다. 탁월한 교육자이자 스승으로서의 노자의 면모를 다시 한 번 확인해야 할 일이다.

8장 최고의 선善은 마치 물과 같다

上善若水.
상 선 약 수

水善利萬物而不爭.
수 선 이 만 물 이 부 쟁

處衆人之所惡, 故幾於道.
처 중 인 지 소 오 고 기 어 도

居善地, 心善淵, 與善仁, 言善信.
거 선 지 심 선 연 여 선 인 언 선 신

政善治, 事善能, 動善時.
정 선 치 사 선 능 동 선 시

夫唯不爭, 故無尤.
부 유 부 쟁 고 무 우

최고最高의 선善, 가장 높은 덕성德性은 마치 물과 같다.

물은 만물을 이롭게 할 뿐 다투지 않는다.

사람이 싫어하는 낮은 곳에 처한다. 그러므로 도에 가깝다.

지고至高의 선善은 자신이 처할 곳을 택함에 능하고, 그 마음은 깊어 헤아릴 수 없으며, 사람을 대함에 성실하여 사심이 없고, 말에는 신용이 있다.

위정爲政할 때에는 다스림에 능해 치적[9]이 있고, 일을 처리할 때에는 능력을 발휘하며, 행동할 때에는 시기를 잘 포착한다.

물처럼 만물과 다투지 않으니 걱정할 것이 없다.

—— 한자 풀이

上善若水 상선약수 上善은 '최고最高, 지고至高의 선善, 선행善行', 혹은 '가장 높은 덕성德性'을 뜻한다.

—— 깊이 보기

성인은 마치 물과 같다

여기에서 물, 수水는 만물과 다투지 않는 성인聖人을 가리킨다. 노자는 자연계 만물 중 물을 가장 찬양한다. 물이 지닌 덕이 가장 도에 가깝다고 파악하기 때문이다. 따라서 노자가 보기에 성인은 도의 체현자로서 그 언행은 물과 같다. 왜냐하면 그의 품격은 물과 같이 부드럽고, 언제나 낮은 자리에 그리고 아래에 처하며, 만물에 자양분을 제공하되 더불어 다투지 않기 때문이다. 사회가 혼란한 요인을 살펴보면, 대부분 독점과 탐욕으로부터 비롯된다는 사실을 알 수 있다. 일편단심, 권력과 금력의 모든 자원을 자기 혼자서 모조리 독차지해야 한다

---

9   치적治積: 잘 다스린 공적. 또는 정치상의 업적.

는 사고방식으로 충만한 나머지 자신을 제외한 어떠한 사람에게도 결단코 단 한 치도 나눠줄 수 없다는 바로 그 탐욕 때문이다.

　노자는 말한다. "무위無爲하므로 패망하지 않으며, 농단하지 않으므로 잃음이 없다[29장]." "많이 쌓아두면 반드시 크게 망한다. 만족할 줄 알면 욕됨을 면하게 되고 그칠 줄 알면 위험하지 않게 된다[44장]." 비단 권력과 금력만이 아니라 명예욕 역시 마찬가지다. 학문 역시 동일하다. 자신만이 모든 것을 송두리째 독점하고자 한다. 언제나 낮은 곳으로, 아래로 지향하는 물의 본성과 상이하다. 이러한 상황에서 인간 사회는 약육강식의 원리만 작동되는 비정상과 혼란 상태를 피할 수 없게 된다. 그러니 모쪼록 물을 본받을 일이다.

9장 공을 이룬 뒤 스스로 물러간다

持而盈之, 不如其已.
지 이 영 시 불 어 기 이

揣而銳之, 不可長保.
췌 이 예 지 불 가 장 보

金玉滿堂, 莫之能守?
금 옥 만 당 막 지 능 수

富貴而驕, 自遺其咎.
부 귀 이 교 자 유 기 구

功成身退[10], 天之道.
공 성 신 퇴   천 지 도

손으로 잡고 더 가득 채우려는 것은 그만두는 것만 못하다.
두드려서 더욱 예리해진 칼날은 오래 보존하기가 어렵다.
보물이 집에 가득하면 누가 능히 그것을 지킬 수 있겠는가?
부귀와 교만은 스스로 재앙을 취하는 것이다.
공을 이루면 물러나는 것이 하늘의 도이다.

---

10 功遂身退로 표기하는 판본도 있다.

持而盈之 **지이영지** "손으로 잡고 더 가득 채우려 하다."는 뜻으로서 영盈은 '자만',
　'교만'의 의미이다.

已 **이** 지止와 통한다.

揣而銳之 **췌이예지** "철을 두드려 더욱 예리하게 하다."의 뜻이다.

—— 깊이 보기

부귀와 교만은 스스로 재앙을 취하는 길이다

노자는 이 글에서 보통 사람들이 어떻게 해야 현명하게 처신할 수 있는
가를 논하고 있다. 그 요체는 무슨 일이든 지나쳐서는 안 되며, 멈출 줄
알아야 한다는 것이다. 여기에서 노자는 '찰 영盈' 자를 화두로 내놓는
다. '넘치다', '지나치다'의 뜻이다. 자만하고 교만한 것은 '영盈'의 표현
이다. 그리하여 '영盈'은 곧 전복되어, 엎어질 운명이다. 그러므로 노자
는 사람들에게 아무쪼록 '영盈'의 상황에 이르지 말도록 충고한다.

　항룡유회亢龍有悔, 솟아오른 용은 반드시 후회한다. 무릇 공을 세운
뒤에는 마땅히 물러날 일이다. 장량張良은 한 고조 유방을 도와 천하효
웅 항우를 격파하고 천하통일의 커다란 공을 세웠지만, 건국 후 유방
의 끈질긴 만류에도 불구하고 스스로 물러나 은둔하였다. 반면 자신
의 공에 자만하여 물러나지 않았던 한신은 토사구팽을 당해 끝내 목
숨을 잃어야 했다.

　춘추시대 월나라 구천을 도와 숙적 오나라를 격파하고 패자覇者의

자리에 우뚝 군림하게 하는 데에는 범여范蠡의 공이 가장 컸다. 하지만 그는 천하를 반으로 나눠 함께 가지자는 구천의 권유도 뿌리치면서 스스로 물러나 유유자적 여생을 즐겼다. 범여와는 반대로 당시 대부大夫 종은 물러가지 않고 조정에 머물다가 구천의 미움을 받아 결국 목숨을 잃고 말았다.

10장 행하고도 자랑하지 않는다

載營魄抱一, 能無離乎?
재 영 백 포 일　능 무 리 호

專氣致柔, 能如嬰兒乎?
전 기 치 유　능 여 영 아 호

滌除玄覽, 能無疵乎?
척 제 현 람　능 무 자 호

愛民治國, 能無爲乎?
애 민 치 국　능 무 위 호

天門開闔, 能無雌乎?
천 문 개 합　능 무 자 호

明白四達, 能無知乎?
명 백 사 달　능 무 지 호

生之畜之, 生而不有, 爲而不恃, 長而不宰.
생 지 휵 지　생 이 불 유　위 이 불 시　장 이 부 재

是謂玄德.
시 위 현 덕

형체와 정신을 합일시켜 분리되지 않을 수 있는가?

정기를 모아 부드럽게 하여 어린아이처럼 될 수 있는가?

때와 먼지를 씻어내고 잡념을 없애 고요히 관조하여 하자가 없을

수 있는가?

　백성을 사랑하고 나라를 다스림에 무위로 행할 수 있는가?

　이목구비와 마음의 문을 조정하여 고요함을 유지할 수 있는가?

　만물에 통달하고도 마음에 욕심이 없을 수 있는가?

　만물을 낳고 기르되 이를 소유하지 않고 이를 행하고도 자랑하지 않으며, 키워주되 주재하지 않는다.

　이를 현덕玄德이라 한다.

────── 한자 풀이

營 영 인체생명 중 '혈액과 양분'을 의미한다.

魄 백 '정신혼백'을 의미한다.

載營魄抱一 재영백포일 '인간의 정신과 형체가 합일된 상태'를 가리킨다.

滌除玄覽 척제현람 "때와 먼지를 씻어내고 잡념을 없애 고요히 관조하다."의 뜻이다.

天門 천문 '이목구비와 마음의 문'으로 해석한다. '자연의 이치' 혹은 '흥망성쇠의 근원'이라는 해석도 있다.

雌 자 '고요함, 정靜을 지키다', '안정'을 뜻한다.

無知 무지 '무욕無慾'을 뜻한다.

어린아이처럼 될 수 있는가?

한 인간으로서 형체와 정신을 완전한 합일의 경지에 일치시키기란 사실상 어렵다. 그런가 하면 주관적 노력과 객관적 실제를 완전하게 일치시키기도 역시 어렵다. 이 지점에서 노자는 마땅히 현실생활에서 형체와 정신의 조화를 이루도록 노력해야 함을 강조한다.

이 글에서 각 구절의 후반부는 모두 질문의 형태를 띠고 있다. 그러나 질문 그 자체가 이미 가장 좋은 답안이다. 한편 비유의 문장 방식은 『도덕경』의 두드러진 특징이다. 여기에서도 노자의 비유는 어린아이까지 미친다. 어린아이는 순수와 소박, 유약함 그리고 시초를 비유하고 있다.

11장 '유'는 사람에게 이익을 주고, '무'는 쓰임새가 있게 한다

三十輻共一轂.
삼 십 폭 공 일 곡

當其無, 有車之用.
당 기 무   유 거 지 용

埏埴以爲器.
연 식 이 위 기

當其無, 有器之用.
당 기 무   유 기 지 용

鑿戶牖以爲室.
착 호 유 이 위 실

當其無, 有室之用.
당 기 무   유 실 지 용

故有之以爲利, 無之以爲用.
고 유 지 이 위 리   무 지 이 위 용

서른 개의 바퀴살이 모여 하나의 수레살통을 이룬다.

수레살통에 빈 공간無이 있기 때문에 비로소 수레의 쓰임새가 있게 된다.

진흙을 빚어서 그릇이 만들어진다.

그릇에 빈 공간이 있기 때문에 비로소 그릇의 쓰임새가 있게 된다.

문과 창문을 뚫어 방이 만들어진다.

문과 창문 안에 빈 공간이 있기 때문에 비로소 방으로서의 쓰임새가 있게 된다.

그러므로 '유有'는 사람에게 이익을 주고, '무無'는 쓰임새가 있게 한다.

—— 한자 풀이

轂 곡 '수레살통'을 뜻한다.
埏 연 "흙을 빚다."로 해석한다.
埴 식 '진흙'을 가리킨다.

—— 깊이 보기

도道란 유有와 무無의 통일체이다

사람들은 단지 눈에 보이는 실재의 사물에만 주목할 뿐, 보이지 않는 무형의 사물에는 관심이 없다. 이 글은 '실재하는' '유有'와 '보이지 않는 공허空虛'한 '무無' 간의 관계를 분석하고 있다. 노자는 여기에서 세 가지 사례를 비유하여 '유'와 '무'가 사실은 상호 의존하며 상호 작용하고 있다는 것을 증명하고 있다. '무'란 단지 사람들의 눈에 보이지 않을 뿐, 그 역할은 무궁무진하다. '유'가 그 쓰임이 있는 것은 바로 '무'가 있기 때문이다. 그리고 '무'는 '유'보다 더 근본에 가깝다.

노자의 사상을 추상적이며 애매모호하다고 비판하는 경향도 있다. 그런데 노자는 이 글에서도 보듯이 바퀴살, 수레살통, 진흙, 그릇, 문, 방 등의 가장 구체적인 사물을 들어 추상적인 개념이나 이치를 쉽게 설명했다. 노자가 말하는 도道란 유有와 무無의 통일체이다. 수레살통의 무無, 빈 공간이 있으므로 비로소 수레의 쓰임새가 있게[有] 되고, 그릇의 무無, 빈 곳이 있기에 비로소 그릇이라는 기능이 생기게 된다. 즉, 유有와 무無의 변증법적 통일이 이뤄지는 것이다.

12장   다섯 가지 색깔은 사람의 눈을 멀게 한다

五色, 令人目盲.
오 색   영 인 목 맹

五音, 令人耳聾.
오 음   영 인 이 롱

五味, 令人口爽.
오 미   영 인 구 상

馳騁田獵令人心發狂, 難得之貨令人行妨.
치 빙 전 렵 영 인 심 발 광   난 득 지 화 영 인 행 방

是以聖人爲腹不爲目.
시 이 성 인 위 복 불 위 목

故去彼取此.
고 거 비 취 차

다섯 가지 색깔은 사람의 눈을 멀게 한다.

다섯 가지 소리는 사람의 귀를 들리지 않게 한다.

다섯 가지 맛은 사람의 입맛을 상하게 한다.

왕과 제후가 말을 타고 사냥을 하는 것은 백성들의 마음을 미치게 만들고, 손에 넣기 어려운 재물은 사람들의 욕심을 불러일으켜 궤도를 벗어나게 만든다.

그러한 까닭에 성인은 소박한 삶을 영위할 뿐 외면적인 사치와 욕

심을 추구하지 않는다.

그러므로 사치와 물욕을 버리고 안빈낙도[11]의 삶을 취한다.

—— 한자 풀이

馳騁田獵 치빙전렵 '말을 타고 사냥하는 것'을 말한다. 당시 이러한 행위를 할 수
있는 사람은 왕과 제후밖에 없었다.

聖人爲腹不爲目 성인위복불위목 '복腹'은 '소박한 의식주를 해결할 정도의 생활'을
상징하고, '목目'은 '눈으로 보이는 외면적 사치와 욕심을 추구하는 생활'을
상징한다.

—— 깊이 보기

정신문명의 핵심으로서의 도道

여기에서 오색五色이란 금은보화를 비롯하여 화려한 의복 그리고 대
궐 같은 집 등 욕망을 상징하는 표현이다. 그리하여 이 글은 모름지기
그러한 욕망의 오색에 꿰어 수동적으로 끌려 다니는 삶을 영위해서는
안 된다는 내용을 담고 있다.

한편 노자가 자연과 무위의 측면만을 과도하게 강조하면서 일체
의 문화를 부정한다는 시각도 존재한다. 그러나 노자가 수미일관 비

---

11 안빈낙도安貧樂道: 가난한 생활을 하면서도 편안한 마음으로 도를 즐겨 지키다.

판했던 것은 위정자들의 부패와 사치 그리고 외형적 자기과시와 위선으로 치닫는 학자들의 자세였다. 당시 통치자들의 부패와 사치는 극심했고, 학자들은 그것을 지적하고 그것의 개선을 위하여 노력하기는커녕 오히려 학문이라는 이름으로 아부하고 그들의 수족이 되고자 수단방법을 서슴지 않았다. 그리하여 백성들의 고통은 갈수록 더욱 심화되었다. 노자는 이러한 과도한 사치와 인위적 행위들을 비판한 것이지 결코 문화 전체를 부정하지 않았다. 그는 오히려 물질문명의 일방주의가 아닌 정신문명의 진정한 발전을 강조했고, 그 정신문명의 핵심이 바로 도道라는 사실을 알리고자 했다.

13장 총애를 받는 것과 모욕을 당하는 것 모두 놀라움을 주는 것이다

寵辱若驚, 貴大患若身.
총 욕 약 경　귀 대 환 약 신

何謂寵辱若驚?
하 위 총 욕 약 경

寵爲上, 辱爲下, 得之若驚, 失之若驚.
총 위 상　욕 위 하　득 지 약 경　실 지 약 경

是謂寵辱若驚.
시 위 총 욕 약 경

何謂貴大患若身? 吾所以有大患者, 爲吾有身.
하 위 귀 대 환 약 신　오 소 이 유 대 환 자　위 오 유 신

及吾無身, 吾有何患?
급 오 무 신　오 유 하 환

故貴以身爲天下, 若可寄天下, 愛以身爲天下, 若可託
고 귀 이 신 위 천 하　약 가 기 천 하　애 이 신 위 천 하　약 가 탁

天下.
천 하

　총애를 받는 것과 모욕을 당하는 것 모두 놀라움을 주는 것이니,
심지어 그 큰 아픔은 마치 생명과 같이 진귀하게 여겨진다.
　왜 총애를 받는 것과 굴욕을 당하는 것이 놀라움과 같다고 하는가?

총애는 좋은 일이고 모욕은 좋지 않은 일이지만, 얻어도 놀랍고 잃어도 놀라게 된다.

그리하여 총애와 굴욕을 놀라움이라 한다.

왜 그 큰 아픔을 마치 생명과 같이 진귀하게 여긴다고 하는가? 나에게 큰 아픔이 있는 까닭은 바로 나에게 몸이 있기 때문이다.

만약 몸이 없으면 내게 어찌 아픔이 있겠는가?

그러므로 자신의 몸을 귀하게 여기듯이 천하를 다스리면 비로소 천하를 그에게 맡길 수 있게 되고, 자신의 몸을 사랑하듯이 천하를 다스리면 비로소 천하를 그에게 맡길 수 있게 된다.

—— 한자 풀이

貴 귀 "중시重視하다."의 뜻이다.

及吾無身 급오무신 '만약 내 몸이 없다면'으로 해석한다.

—— 깊이 보기

삶의 주인이 될 것인가? 아니면 노예가 될 것인가?

이 장은 자신의 몸을 귀하게 여길 것과 한 인간으로서의 존엄을 다룬 글이다. 대부분의 사람들은 권력자의 총애를 받기를 원한다. 하지만 총애란 언젠가는 식어가기 마련이다. 그럴 때 말로 형용할 수 없을 만큼의 모욕과 자책이 뒤따른다. 총애와 사람들의 인정, 존중…기실 이러한 것들은 단지 내가 살아가는 데 부가적으로 붙은 것일 뿐이다. 더구나 화禍와 복福은 자주 같이 붙어 다니는 것들이다. "화禍는 복福이 기대는 바이고, 복에는 화가 숨어 있다[58장]." 또한 어떤 사람들은 모욕을 받는 것을 심지어 자기의 생명을 잃는 것보다 더 치욕으로 여긴다. 그러나 총애와 모욕 모두 결국 나 자신이 아닌, 외부의 요인에 지나지 않는다. 모쪼록 살아가면서 외부 요인에 휘둘리지 않아야 할 일이다. 그것은 삶의 주인이 아니다. 그것은 도리어 본말전도本末顚倒되어 노예로 예속되는 길일뿐이다. 만약 우리가 총애든, 인정이든, 모욕이든, 그러한 외부적 요인에 좌우되지 않게 된다면, 그러한 부차적 요인들에 전혀 개의할 필요가 없이 진실로 독립적인 인간으로서의 참된 삶을 살아갈 수 있으리라.

14장 맞아들이려 해도 그 머리를 볼 수 없고, 따라 가려 해도 그 꼬리를 볼 수 없다

視之不見, 名曰夷.
시 지 불 견   명 왈 이

聽之不聞, 名曰希.
청 지 불 문   명 왈 희

搏之不得, 名曰微.
박 지 부 득   명 왈 미

此三者, 不可致詰.
차 삼 자   불 가 치 힐

故混而爲一. 其上不皦, 其下不昧, 繩繩不可名, 復歸
고 혼 이 위 일   기 상 불 교   기 하 불 매   승 승 불 가 명   복 귀

於無物.
어 무 물

是謂無狀之狀, 無物之狀.
시 위 무 상 지 상   무 물 지 상

是謂恍惚.
시 위 황 홀

迎之不見其首, 隨之不見其後.
영 지 불 견 기 수   수 지 불 견 기 후

執古之道, 以御今之有, 能知古始.
집 고 지 도   이 어 금 지 유   능 지 고 시

是謂道紀.
시 위 도 기

눈으로 보지만 볼 수 없는 것을 이夷(무색無色)라고 한다.

귀로 들어도 들리지 않은 것을 희希(무성無聲)라고 한다.

손으로 잡으려 해도 잡을 수 없는 것을 미微(무형無形)라고 한다.

이 세 가지 형상은 알아낼 수 없고, 융합되어 일체, 즉 도道가 된다.

위는 밝음을 드러내지 않고 아래는 어둠을 드러내지 않으며, 처음과 끝도 없이 끊임없이 계속되므로 이름을 붙일 수 없고 끝내는 무無의 세계로 돌아간다.

이것을 '형체 없는 형상'이라 하고 '존재 없는 모양'이라고 한다.

이를 일컬어 "황홀한 것"이라고 한다.

이것을 맞아들이려 해도 그 머리를 볼 수 없고 따라 가려 해도 그 꼬리를 볼 수 없다.

옛날의 도를 배워서 지금 행하여 보면 옛날의 처음을 깨달을 수 있다.

이것을 일러 도의 규율이라 한다.

—— 한자 풀이

詰 힐 問문의 의미 즉, "묻다."의 뜻으로 해석한다.

皦 교 皎교와 같은 한자어로서 '광명', '빛'을 뜻한다.

繩繩 승승 '처음과 끝이 없이', '끊임없이'의 의미이다.

恍惚 황홀 '있는 듯 없는 듯', '끝없이 반짝이는 것'을 형용한다.

道紀도기 '도의 기율, 규율'을 말한다.

—— 깊이 보기

도는 '형체 없는 형상'이며 '존재 없는 모양'이다

이 장은 '도'의 성격을 말하고 있다. '도'는 볼 수도, 들을 수도, 또한 만질 수도 없다. 결국 인간의 감각기관으로는 도道를 포착할 수 없다는 것을 의미한다. 무색無色, 무성無聲, 무형無形, 이 세 가지 모두 오묘하여 드러나지 않는 것을 형용하고 있다. 그러나 '도', 그것은 '형체 없는 형상', 혹은 '존재 없는 존재'로서 확실히 존재하고 있다. 오로지 성인만이 이 도의 규율을 알 수 있다.

　그렇다면 과연 인간은 어떻게 이 천지 중에 출현하게 되었는가? 만물은 어떻게 하여 이 천지 중에 출현하였는가? 또 천지는 어떻게 하여 이 우주에 출현하였는가? 이렇게 거슬러 올라가 추론해본다면, 이 우주에 존재하는 모든 '유有'란 기실 '무無'로부터 나온 것이다. 하지만 이 '무'는 어떤 것도 존재하지 않는다는 의미가 결코 아니다. 이 '무'에는 오히려 모든 '유有'의 계기가 포함되어 있고 또 내재되어 있다. 그리하여 '무'는 무변무제無邊無際, '못할 바가 없는 것'이다.

15장   자만하지 않기 때문에 능히 갱신한다

古之善爲道者, 微妙玄通, 深不可識.
고 지 선 위 도 자   미 묘 현 통   심 불 가 식

夫唯不可識, 故强爲之容.
부 유 불 가 식   고 강 위 지 용

豫焉! 若冬涉川.
예 언   약 동 섭 천

猶兮! 若畏四隣.
유 혜   약 외 사 린

儼兮! 其若客.
엄 혜   기 약 객

渙兮! 若氷之將釋.
환 혜   약 빙 지 장 석

敦兮! 其若朴.
돈 혜   기 약 박

曠兮! 其若谷.
광 혜   기 약 곡

混兮! 其若濁.
혼 혜   기 약 탁

孰能濁以靜之徐淸?
숙 능 탁 이 정 지 서 청

熟能安以久動之徐生?
숙 능 안 이 구 동 지 서 생

保此道者, 不欲盈.
보 차 도 자   불 욕 영

夫唯不盈, 故能蔽而新成.
부 유 불 영   고 능 폐 이 신 성

　　오래전 도를 터득한 사람은 오묘하고 통달했고 심오하여 현통하였으니, 보통 사람들은 헤아릴 수 없었다.

　　헤아릴 수 없었으므로 억지로 그 모습을 형용하였다.

　　신중하구나! 마치 겨울에 강을 건너 듯 신중하다.

　　경계를 잘 하는구나! 이웃 나라의 공격을 대비하여 준비를 잘 한다.

　　공경하는구나! 마치 잔치에 가는 손님과 같다.

　　시원시원하구나! 마치 얼음덩어리가 차츰 녹는 듯하다.

　　순박하구나! 마치 전혀 가공하지 않은 듯하다.

　　광활하구나! 마치 깊은 골짜기와도 같다.

　　관후하구나! 마치 흐린 강물처럼 시비를 가리지 않는다.

　　어느 누가 능히 흐린 강물을 고요히 안정시켜 천천히 깨끗하게 할 수 있을까?

　　어느 누가 고요한 것을 움직이게 하여 천천히 기운을 불러일으킬 수 있는가?

　　도를 터득한 사람은 결코 자만하지 않는다.

　　자만하지 않기 때문에 능히 갱신한다.

豫 **예** 야수의 일종으로 성격이 신중하였다.

猶 **유** 역시 야수의 일종으로 경계심이 많았다.

儼兮 **엄혜** 장엄한 모습을 형용한다.

渙 **환** 유동流動하는 모습을 표현하고 있다.

盈 **영** '자만', '오만'의 뜻이다.

蔽而新成 **페이신성** "새롭게 갱신하다."로 해석한다.

—— 깊이 보기

'가득 참', '영盈'을 경계하다

이 장은 도를 터득한 사람을 칭송하는 글이다. 도에 통달한 사람은 미묘현통微妙玄通하여 보통 사람들이 도무지 헤아릴 수가 없다. 단순히 겉으로만 보면, 그는 청정무위清淨無爲하지만 실제로는 대단히 창조적이다. 미묘하여 보이지 아니하고, 지니고 있으나 드러나지 아니하며, 너무 깊기 때문에 도무지 헤아릴 수 없다. 그리하여 그는 가장 정적靜的이되 극히 동적動的이며, 가장 동적이되 극히 정적이다. 하지만 그는 일상생활을 영위함에 '자만'과 '교만'을 의미하는 '영盈'의 단계에는 이르지 않는다. 그는 결코 자만하거나 오만하지 않다. 그러면서 만물의 이치에 모두 통달하였고, 그러한 원리에 의거하여 만사를 처리한다. 그러므로 언제나 실패가 없다.

16장　근본으로 돌아가는 것을 정靜이라 한다

致虛極, 守靜篤.
치 허 극　수 정 독

萬物竝作, 吾以觀復.
만 물 병 작　오 이 관 복

夫物芸芸, 各復歸其根.
부 물 운 운　각 복 귀 기 근

歸根曰靜, 是謂復命.
귀 근 왈 정　시 위 복 명

復命曰常, 知常曰明, 不知常, 妄作凶.
복 명 왈 상　지 상 왈 명　불 지 상　망 작 흉

知常容, 容乃公, 公乃全, 全乃天.
지 상 용　용 내 공　공 내 전　전 내 천

天乃道, 道乃久, 沒身不殆.
천 내 도　도 내 구　몰 신 불 태

　모든 힘을 다해 마음을 청정무위의 상태로 만든다.

　모든 만물이 다투어 자라나면, 나는 그로부터 돌아감의 도리를
본다.

　만물은 아무리 무성하여도 각기 그 근본 되는 곳으로 다시 돌아가
게 된다.

근본으로 돌아가는 것을 정靜이라 한다. 이것을 본성으로 되돌아 간다고 한다.

본성으로 되돌아가는 것을 '상常(영구불변의 법칙)'이라 한다. '상'을 아는 것을 '명明'이라고 한다. '상'을 알지 못하면 자주 나쁜 일이 일어난다.

그러나 '상'을 알면 모두에게 받아들여지고, 받아들여지면 공평하게 되며, 공평하면 완전해지고, 완전해지면 하늘과도 같아진다.

하늘과 같아지면 비로소 도와 같아지고, 도와 같아지면 종신토록 위태로움이 없다.

—— 한자 풀이

致虛極, 守靜篤 치허극, 수정독 허虛와 정靜은 사람의 심경이 청정한 상태를 가리킨다. 극極과 독篤은 정점頂點을 의미한다.

芸芸 운운 '무성함'을 형용하는 말이다.

—— 깊이 보기

도道와 같아지면 종신토록 위태로움이 없다

노자 사상에서 '허무虛無'는 도道의 본체이다. 치허극致虛極, '허의 정점에 이르기'를 이루기 위해서는 반드시 물욕에 대한 유혹을 배제해야 한다. 그런데 '치허致虛'는 반드시 '수정守靜', 즉, '정을 지키는 일'이 필요하다. 왜냐하면 허虛는 본체요 정靜은 그 운용이기 때문이다.

한편 노자는 변증법을 개척한 선구자이기도 하였다. 본래 변증법은 대립과 통일을 기본 원리로 하는 것이지만, 노자는 대립이란 과정이고 단지 상대적일 뿐인 반면 통일은 최종 목적지요 절대적인 것으로 인식하였다. 그리하여 노자가 보기에 만물은 끊임없이 변화하지만, 그 최종적 결과는 원점으로의 회귀, 즉 귀근歸根이요 복명復命이다. 순환론의 일단이 드러나는 대목이기도 하다.

17장　가장 좋은 통치자는 백성들이 그가 있는지도 모르고 있는 상태이다

太上, 不知有之.
태 상　불 지 유 지

其次, 親而譽之. 其次, 畏之. 其次, 侮之.
기 차　친 이 예 지　기 차　외 치　기 차　모 지

信不足焉, 有不信焉.
신 불 족 언　유 불 신 언

悠兮!
유 혜

其貴言, 功成事遂.
기 귀 언　공 성 사 수

百姓皆謂我自然.
백 성 개 위 아 자 연

　가장 좋은 통치자는 백성들이 그가 있는지도 모르고 있는 상태이다.

　그 다음은 그에게 친근감을 느끼고 칭찬하는 것이다. 그 다음은 백성들이 그를 두려워하는 것이고 그 다음은 백성이 경멸하는 것이다.

　통치자가 성신誠信이 부족하면 백성들은 그를 신뢰하지 않는다.

　유유하도다!

　그는 영슈을 거의 내리지 않지만 공은 이뤄지고 사업은 완성된다.

백성들은 모두 "우리는 본래 이렇다."고 말한다.

────── 한자 풀이

悠 유 '유한자재悠閑自在'의 의미이다.
貴言 귀언 "가벼이 명령을 내리지 않다."의 의미로 해석한다.
自然 자연 "나는 본래 이렇다."의 뜻이다.

────── 깊이 보기

영令을 내리지 않지만 공은 이뤄진다

이 장에서 노자의 정치사상이 잘 표현되어 있다. 가장 좋은 통치자란 백성들이 그가 존재하는지도 모르는 그러한 상태이다. 요임금의 치세가 바로 그러한 경우이다.

> 해가 뜨면 나가서 일하고[日出而作]
> 해가 지면 들어와 쉬노라[日入而息].
> 우물을 파서 물을 마시고[鑿井而飮]
> 밭을 갈아 배불리 먹노라[耕田而食].
> 그러니 임금의 힘이 나에게 무슨 상관이 있는가![帝力何有於我哉]
> ― 격양가擊壤歌

노자가 생각하는 가장 좋은 정치란 통치자가 유유하고 느긋하여 백성들을 시달리게 하는 '유위有爲'의 정책이나 조치를 거의 시행하지 않는 정치이다. 그리하여 노자가 추천하는 정치는 바로 무위의 정치로서 백성들로 하여금 본연의 자연스러운 삶을 영위해갈 수 있도록 한다. 노자는 오직 통치자가 자연에 순응하여 자연법칙에 의거할 때만이 비로소 '도道'에 부합될 수 있음을 천명한다.

18장 대도大道가 없어지니 인의가 생겨난다

大道廢, 有仁義.
대 도 폐 　 유 인 의

智慧出, 有大僞.
지 혜 출 　 유 대 위

六親不和, 有孝慈.
육 친 불 화 　 유 효 자

國家昏亂, 有忠臣.
국 가 혼 란 　 유 충 신

대도大道가 없어지니 인의仁義가 생겨난다.

지혜와 총명이 나타나니 곧 허위와 사기가 횡행하게 된다.

가족이 화목하지 않으니 효자孝慈가 생기게 된다.

국가가 혼란스러우니 충신이 나타난다.

—— 한자 풀이

智慧 지혜 참된 지혜가 아니라 남에게 보이기 위한, 기교와 수식 차원에 머무르는
당대의 천박한 지혜를 가리킨다.

六親 육친 '가족'으로 해석한다.

참된 지혜에는 인위人爲와 수식修飾이 없다

"지혜와 총명이 나타나니 곧 허위와 사기가 횡행하게 된다." 이 역시 지혜와 지식에 대한 노자의 날카로운 비판이자 신랄한 풍자이다. 세상의 흔한 지혜와 총명은 너무 자주 허위와 사기로 연결된다. 그런데 이렇게 지식과 지혜가 많아지면, 우리가 살고 있는 이 세상이 정리되는 것이 아니라 도리어 혼란해지는 경우가 많다. 과연 참된 지혜란 무엇인가? 노자가 세상에 던지는 가장 근본적인 물음이다. 이 지점에서 노자는 우리에게 참된 지혜란 곧 '인위人爲'와 '작위'가 아닌 자연이고 수식修飾이 없는 소박함이며, 결코 남에게 과시하고 보여주기 위한 것이 아니라고 천명한다. 그리고 이것이 곧 도道라고 대답하고 있다.

이 글에는 당시 유행하던 유학자들의 풍조에 대한 비판적 시각도 담겨 있다. 유가사상에 대한 노자의 비판은 시종 날카롭다. 하지만 본래 노자는 자신이 가장 높이 평가하는 '물'처럼 한없이 포용적이고 관대한 인물이었다. 유교를 신랄하게 비판했지만 동시에 스스로 인의예지신仁義禮智信[12]의 유교사상을 적극 포용하였다. 노자의 사상을 이어받은 도교 역시 유교를 비롯한 제자백가諸子百家[13]의 사상을 적극 포용하였다. 한편 형벌을 시행함에 관용을 베풀어야 한다는 관형寬刑주의와 덕과 형벌을 겸용하는 덕형병용德刑併用의 유교 사상은 도교로부터 영

---

12 인의예지신仁義禮智信: 유학에서, 사람이 마땅히 지켜야 할 다섯 가지 도리. 곧 어질고, 의롭고, 예의 바르고, 지혜롭고, 믿음직함을 이른다.

13 제자백가諸子百家: 춘추 전국 시대의 여러 학파.

향을 받은 것이다. "겉으로는 유교를 표방하지만 내부적으로는 도교를 시행하다[外示儒家, 內施黃老]"라는 말이 있듯이, 중국 역대 왕조 역시 외부적으로는 유교를 표방했지만 안으로는 도교를 선호한 시기가 적지 않았다.

19장 　권위와 지혜를 버리면 백성들의 이익은 백배로 늘어난다

絶聖棄智, 民利百倍.
절 성 기 지　민 리 백 배

絶仁棄義, 民復孝慈.
절 인 기 의　민 복 효 자

絶巧棄利, 盜賊無有.
절 교 기 리　도 적 무 유

此三者, 以爲文不足.
차 삼 자　이 위 문 부 족

故令有所屬, 見素抱朴, 少私寡欲.
고 령 유 소 속　현 소 포 박　소 사 과 욕

絶學無憂.[14]
절 학 무 우

권위와 지혜를 버리면 백성들의 이익은 백배로 늘어난다.

인의를 버리면 백성들은 효도와 자애의 천성으로 돌아간다.

기교와 이익을 버리면 도둑이 없어지게 된다.

이 세 가지는 모두 기교와 수식으로서 사회의 병폐를 다스리는 법칙으로 부족하다.

14　이 구절이 다음 장인 20장 맨 앞에 나오는 판본도 있다.

그러므로 사람들의 생각을 올바르게 가지게 하려면 본질을 유지하고 순박함을 지키며, 사심과 욕망을 적게 해야 한다.

기교와 수식의 학문을 버리면 걱정이 없게 된다.

—— 한자 풀이

絶聖 절성 성聖은 성인聖人이 아니라 '권위 있는 개념'을 의미하고 있다.

以爲文不足 이위문부족 문文은 '법칙', '조문'으로 해석한다.

見素抱朴 현소포박 현見은 '드러내다'의 의미이다. 소素는 본래 '잡색雜色이 섞이지 않은 실'의 뜻으로서 '본질' 혹은 '본진本眞(어떠한 수식도 하지 않은 내적 세계 및 외재적 표현)'을 의미한다. 박朴은 '조각하지 않은 원목의 상태'를 말하는 것으로 '순박함'을 뜻한다. 그리하여 "외부적인 상황에 좌우되지 않는다."는 의미를 지닌다.

令有所屬 령유소속 령令은 '만약'으로, 속屬은 '귀속' 혹은 '적응'으로 해석한다.

絶學 절학 학學은 '인의, 지혜, 기교의 학문'을 가리킨다.

—— 깊이 보기

기교와 이익을 버리면 도둑이 없어진다

노자는 이 글에서 '도'가 상실된 사회의 병폐 현상을 지적하고 그 해결 방안으로서 기교와 이익 그리고 수식에 치우친 지식과 학문 그리고 인의를 버릴 것을 제시하고 있다. 여기에 나오는 소사과욕少私寡欲

구절은 노자 『도덕경』에서 비롯된 유명한 성어로서 "사적인 욕심을 줄이다."의 뜻이다. 현소포박見素抱朴은 "본질을 유지하고 소박함을 지키다.", 즉 외부적인 조건에 의해 좌우되지 않는다는 의미로서 역시 이 장에서 출전된 유명한 말이다. 식자우환識字憂患이라는 성어가 있다. 그것은 진정한 지혜가 아니라 자기 과시나 꾸밈을 위한 지식, 혹은 지식의 단순한 증가는 오히려 자신에게도 사회에게도 이로움이 없고 오히려 해가 될 수 있다는 사실을 알려준다.

학문도 당대에 유행하고 시대를 풍미하는 유파가 있다. 이 글에서 절학絶學의 대상으로서의 학문이란 바로 당대에 유행하고 풍미하는 그러한 학문을 지칭하고 있다. 이것을 현학顯學이라 하였다.

20장 　사람들은 모든 일에 밝은데 나만 홀로 어둡기만 하다

唯之與阿, 相去幾何?
유 지 여 아 　 상 거 기 하

善之與惡, 相去若何?
선 지 여 오 　 상 거 약 하

人之所畏, 不可不畏.
인 지 소 외 　 불 가 불 외

荒兮, 其未央哉.
황 혜 　 기 미 앙 재

衆人熙熙, 如享太牢, 如春登臺, 我獨泊兮其未兆.
중 인 희 희 　 여 향 태 뢰 　 여 춘 등 대 　 아 독 박 혜 기 미 조

沌沌兮, 如嬰兒之未孩.
돈 돈 혜 　 여 영 아 지 미 해

儡儡兮, 若無所歸.
뢰 뢰 해 　 약 무 소 귀

衆人皆有餘, 而我獨若遺, 我愚人之心也哉.
중 인 개 유 여 　 이 아 독 약 유 　 아 우 인 지 심 야 재

俗人昭昭, 我獨昏昏, 俗人察察, 我獨悶悶,
속 인 소 소 　 아 독 혼 혼 　 속 인 찰 찰 　 아 독 민 민

澹兮! 其若海.
담 혜 　 기 약 해

飄兮! 若無止.
표 혜　약 무 지

衆人皆有以, 而我獨頑似鄙.
중 인 개 유 이　이 아 독 완 사 비

我獨異於人, 而貴食母.
아 독 이 어 인　이 귀 식 모

공손히 대답하는 것과 느릿하게 대답하는 것이 얼마나 다른가?

선과 악은 얼마나 차이가 나는가?

사람들이 두려워하는 것은 두려워 할 수밖에 없다.

이러한 것은 아주 오래되었도다. 아마도 끝이 없을 것 같다.

사람들이 모두 떠들썩하며 마치 연회에 참석한 것처럼, 마치 봄날에 높은 누각에 오른 듯 즐거워하는데 나만 홀로 고요하게 아무런 느낌도 없다.

흐릿하구나. 마치 갓난아이가 웃음소리를 내지 않는 듯하다.

피곤하구나. 마치 돌아갈 곳이 없는 듯하다.

사람들은 모두 가진 것이 남아돌 정도지만 나 홀로 부족하도다. 오직 나만이 정말 어리석구나.

세상 사람들은 모두 사리에 분명한데 나만 홀로 어둡기만 하고, 세상 사람들은 모두 일에 밝은데 나만 홀로 우둔하도다.

평정하구나! 끝이 없는 바다여.

시원한 바람이여! 어느 것도 나를 잡아주지 않는구나.

사람들은 모두 자신의 쓰임이 있는데, 나만 홀로 완고하여 가장 비천하게 되었구나.

나만 홀로 사람들과 달리 도를 귀하게 여기도다.

唯 유 연소자가 연장자에게 공손하게 대답하는 소리를 의미한다.

阿 아 연장자가 연소자에게 대답하는 소리를 의미한다. 여기에서 유唯와 아阿는
신분 귀천貴賤의 차이를 뜻하고 있다.

未央 미앙 '미진未盡'의 뜻이다.

儽儽 뢰뢰 '피곤한 모습'을 형용하고 있다.

食母 식모 식食은 '용用'이나 '수守'와 통하며 '지키다'로 해석한다. 모母는 '도道'의 의
미이다. 그러므로 식모食母는 '수도守道' 혹은 '용도用道'로 해석한다.

—— 깊이 보기

사람들은 유有를 지향하지만, 성인은 무無를 지향한다

이 장은 노자의 인생론을 묘사하는 한 편의 빼어난 풍자시라 할 수 있
다. 갈수록 물욕에 빠져 탐욕적으로 되어가는 세태와 자신을 비교하
여 묘사하고 있다. 노자는 '유唯'와 '아阿'라는 대답하는 말의 작은 차
별에서 선과 악이라는 큰 대립까지 묘사하면서 이 모두 소란의 결과
라고 단언한다. 그러나 유감스러운 일은 이러한 탐욕과 물욕으로 가
득한 세태의 흐름이 그치지 않는다는 점이다. 물론 모두 반어법反語法
이자 신랄한 풍자로 구성되어 있다. 세상 사람들은 유有를 지향하지
만, 성인은 오직 무無를 지향한다. 세상 사람들은 이익과 명리를 추구
하지만, 성인은 도리어 비움과 질박을 추구한다.

21장   큰 덕의 형태는 도에 의하여 결정된다

孔德之容, 惟道是從.
공 덕 지 용   유 도 시 송

道之爲物, 惟恍惟惚!
도 지 위 물   유 황 유 홀

惚兮恍兮! 其中有象.
홀 혜 황 혜   기 중 유 상

恍兮惚兮! 其中有物.
황 혜 홀 혜   기 중 유 물

窈兮冥兮! 其中有精.
요 혜 명 혜   기 중 유 정

其中有信.
기 중 유 신

自古及今, 其名不去.
자 고 급 금   기 명 불 거

以閱衆甫.
이 열 중 보

吾何以知衆甫之狀哉, 以此.
오 하 이 지 중 보 지 상 재   이 차

큰 덕의 형태는 도에 의하여 결정된다.

'도'라고 하는 것은 분명하지 않은 고정 실체이다.

참으로 불분명하도다! 하지만 그 속에 오히려 형상이 있다.

참으로 흐릿하도다! 하지만 그 속에 실물이 있다.

참으로 깊고도 어둡도다! 하지만 그 속에 아주 미세한 본질이 있다.

이 본질은 가장 진실하며, 믿을 수 있다.

지금으로부터 옛날까지 거슬러 올라가 봐도, 그 이름은 영원히 사라질 수 없다.

그것에 의해서만 비로소 만물의 시초를 관찰할 수 있다.

내가 어떻게 만사만물이 시작된 상황을 알 수 있겠는가? 바로 도로부터 알게 된 것이다.

—— 한자 풀이

孔德 공덕 공孔은 대大, "크다."의 의미이다.

恍惚 황홀 '흐릿한', '불분명한 상태'를 형용하는 한자어이다.

窈 요 "깊다."의 뜻이다.

冥 명 '어둠'을 상징한다.

精 정 '미세한 본질', 이를 '정질精質'이라 한다. '미세한 것 중 가장 미세한 것'의 뜻이다.

衆甫 중보 보甫는 부父와 통하는 의미로서 '시초'를 뜻한다.

도에는 실물이 있고 본질이 있다

『도덕경』 1장부터 노자는 도道란 우주의 본원本源임을 천명하였다. 또한 14장에서 도는 무상지상無狀之狀, 즉 '형상이 없는 형상', 무물지상無物之狀, '존재가 없는 형상'으로서 "황홀한 것[恍惚]"이라고 설명하였다. 그리고 이 장에 이르러 도란 지극히 미세한 물질로 구성되어 있으며, 비록 보이지 아니하고 형체도 형상도 없지만 반드시 실재한다는 사실을 강조하고 있다.

노자의 사상이 과연 유심주의인가 아니면 유물주의인가의 문제를 둘러싸고 그간 학계의 견해는 나뉘어 왔다. 그런데 이 장에서 노자는 도란 불분명하고 흐릿하기는 하지만, 그 안에는 분명히 '유상有象', 형상이 있고, '유물有物', 실물이 있으며, 그리고 '유정有精', 본질이 있음을 천명하고 있다. 아울러 이 글에서 노자는 덕德의 내용이란 도에 의하여 결정되며, 도는 덕으로 체현된다는 점을 밝히고 있다.

22장 능히 굽어질 수 있어야 온전하다

曲則全.
곡 즉 전

枉則直. 窪則盈. 幣則新.
왕 즉 직   와 즉 영   폐 즉 신

少則得. 多則惑.
소 즉 득   다 즉 혹

是以聖人抱一爲天下式.
시 이 성 인 포 일 위 천 하 식

不自見, 故明.
부 자 현   고 명

不自是, 故彰.
부 자 시   고 창

不自伐, 故有功.
부 자 벌   고 유 공

不自矜, 故長.
부 자 긍   고 장

夫唯不爭, 故天下莫能與之爭.
부 유 부 쟁   고 천 하 막 능 여 지 쟁

古之所謂曲則全者, 豈虛言哉?
고 지 소 위 곡 즉 전 자   개 허 언 재

誠全而歸之.

능히 굽어질 수 있어야 온전하다.

능히 구부릴 수 있어야 곧을 수 있다.

능히 패일 수 있어야 채울 수 있다.

낡고 해져야 비로소 새로울 수 있다.

줄어들면 곧 얻게 되고 많은 것을 탐하게 되면 도리어 스스로 미혹된다.

그러한 까닭에 성인은 혼융일체混融一體하여 천하를 위하여 길을 찾는다.

명성에 집착하지 않으므로 밝다고 한다.

스스로를 옳다고 하지 않으므로 시비를 분명하게 분별한다.

스스로 뽐내지 않으므로 공을 이룬다.

스스로 자랑하지 않으므로 장구할 수 있다.

성인은 명성에 집착하여 다투지 않는 까닭에 천하에 그와 다투는 것이 없다.

옛말에 굽어져야 온전해진다는 말이 있는데, 이 어찌 헛된 말이겠는가?

사람으로 하여금 원만하게 함으로써 대도大道의 근본으로 돌아가는 것이다.

窪 와 "패이다."의 뜻이다.

幣 폐 "해지다."의 의미를 지닌다.

不自見 부자현 현見은 '드러날 현顯'의 뜻이다.

—— 깊이 보기

대도大道의 근본으로 돌아가다

이 글은 현실에서 정처 없이 살아가는 인간들에게 노자가 제시하는 삶의 지혜이다. 우리네 삶에서 언제나 좋은 일만 생길 수는 없다. 때때로 위험과 곤경에 처하게 될 수밖에 없다. 그러할 때 노자는 우리에게 먼저 물러서라고 권한다. 조용히 관찰하면서 변화가 발생하기를 기다리라고 말한다. 그때가 되어 이윽고 행동에 나서면 마침내 뜻을 이룰 수 있다고 귀띔해 준다. 대부분의 사람들은 단지 사물의 드러난 현상만을 보고서 그 사물을 모두 알았다고 단언한다. 하지만 그들은 정작 그 사물에 내재된 본질은 보지 못한다. 노자는 바로 보통 사람들이 볼 수 없는 우주만물과 사회의 본질을 꿰뚫는다. 그리고 그의 결론은 바로 다투지 않는 것, 즉 '부쟁不爭'이다.

23장 회오리바람은 아침 내내 계속 불지 않고 소나기는 종일토록 내리지 않는다

希言自然.
희 언 사 연

故飄風不終朝, 驟雨不終日.
고 표 풍 부 종 조 취 우 부 종 일

孰爲此者?
숙 위 차 자

天地.
천 지

天地尙不能久, 而況於人乎?
천 지 상 불 능 구 이 황 어 인 호

故從事於道者, 道者同於道, 德者同於德, 失者同於失.
고 종 사 어 도 자 도 자 동 어 도 덕 자 동 어 덕 실 자 동 어 실

同於道者, 道亦樂得之.
동 어 도 자 도 역 락 득 지

同於德者, 德亦樂得之.
동 어 덕 자 덕 역 락 득 지

同於失者, 失亦樂得之.
동 어 실 자 실 역 락 득 지

信不足焉, 有不信焉?
신 부 족 언 유 불 신 언

진정한 도道는 자연에 순응하므로 많은 말이 필요 없다.

그러므로 거친 회오리바람은 아침 내내 계속 불지 않고, 소나기는 종일토록 내리지 않는다.

누가 비바람을 일으키는가?

바로 하늘과 땅이다.

하늘과 땅도 부자연스러운 일은 계속시킬 수 없거늘 하물며 사람이[15] 자연에 위배되는 일을 할 수 있겠는가?

그러한 까닭에 '도道'에 종사하는 자는 도와 같아지고, 덕에 종사하는 자는 덕과 같아지며, 도와 덕을 잃은 일에 종사하는 자는 그 일과 같아진다.

도와 같아진 자는 도 역시 그를 얻음을 즐거이 여긴다.

덕과 같아진 자는 덕 역시 그를 얻음을 즐거이 여긴다.

도와 덕을 잃은 일과 같아진 자는 그 일 역시 그를 얻음을 즐거이 여긴다.

위정자의 성신誠信이 부족하니 누가 그를 믿으리오?

—— 한자 풀이

希言自然 희언자연 "진정한 도道는 자연에 순응하므로 많은 말이 필요 없다."는 의미이다. 여기에서 '언言'은 인위적인 정교법령政敎法令을 뜻한다.

從事於道者 종사어도자 '도에 종사하는 사람'을 가리킨다.

失 실 '실도失道' 혹은 '실덕失德'의 의미로 해석한다.

---

15 여기에서는 특히 통치자, 위정자를 가리킨다.

폭정暴政은 오래 가지 않는다

노자는 이 글에서 도의 득得과 실失을 논한다. 이 글에서 밝히고자 하는 요지는 바로 "폭정暴政은 오래 가지 않는다."라는 명제이다. 노자에 의하면, 어디까지나 청정무위清淨無爲의 정치야말로 자연에 부합하는 것이며 그렇게 될 때 비로소 천하와 백성의 호응이 있게 된다. 반대로 강제적인 정책과 조치로 백성을 수고롭게 하고 시달리게 하거나 혹은 가렴주구의 무거운 세금을 징수하여 백성을 수탈하고 고통에 빠뜨리게 되면, 곧 천하와 민심을 모두 잃게 된다. 그러므로 모름지기 도를 믿고 그에 의거하여 만사를 처리하게 되면, 자연히 도를 얻고 천하와 민심도 얻는다. 실제 중국의 역사에서 세금을 적게 징수하고 백성의 요역徭役(강제 징발)을 경감하는 이른바 '경요박부輕徭薄賦' 정책이 중시되었다. 이 '경요박부' 사상은 본래 춘추시대 패업을 이룬 진 문공晉文公이 내세웠던 '박부렴薄賦斂'으로부터 비롯되었다. 이후 이 사상은 나라를 다스리고 국가를 안정시키는 '치국안방治國安邦'의 중요 원칙 중 하나로 받들어졌다.

24장 돋움발로 서 있는 자는 오래 서 있을 수 없다

企者不立, 跨者不行.
기 자 불 립   과 자 불 행

自見者不明, 自是者不彰, 自伐者無功, 自矜者不長.
자 현 자 불 명   자 시 자 불 창   자 벌 자 무 공   자 긍 자 불 장

其在道也, 曰餘食贅形.
기 재 도 야   왈 여 식 췌 형

物或惡之.
물 혹 오 지

故有道者不處.
고 유 도 자 불 처

돋움발로 서 있는 자는 오래 서 있을 수 없고, 황새걸음으로 걷는 자는 오래 걸을 수 없다.

자신의 의견을 드러내고자 하는 자는 오히려 드러낼 수 없고, 자기가 옳다고 주장하는 자는 도리어 찬양받지 못한다. 자기의 공적을 자랑하고자 하는 자는 도리어 공적이 사라지고, 자신이 현명하다고 생각하는 자는 오히려 존중받지 못한다.

이러한 것들을 도라는 관점에서 본다면, 지나치게 많이 먹어 살이 불어난 상태이다.

그러한 것들은 사람들이 혐오하는 것이다.

도를 지닌 사람은 그렇게 하지 않는다.

—— 한자 풀이

見 현 '드러낼 현顯'과 통한다.

餘食贅形 여식췌형 지나치게 많이 먹어서 몸이 불어난 형태를 형용하고 있다.

—— 깊이 보기

스스로 현명하다고 여기는 자는 존중받지 못한다

이 글은 '기자불립, 과자불행企者不立, 跨者不行'이라는 일상생활의 작은 일을 사례로 들어 대도大道의 이치를 설명하고 있다. 노자는 돋움발로 서 있는 사람과 황새걸음으로 걷는 자를 비유로 하여 자신의 의견을 드러내고자 하는 자와 자기가 옳다고 주장하는 자 그리고 자기의 공적을 자랑하는 자는 결국 좋은 결과를 얻을 수 없다는 점을 말하고 있다. 그러한 행위들은 자연에 반하는 것이다. 일시적으로 성과가 있을 수 있지만 결국 장구할 수 없으며, 의도한 목적을 성취하기가 어렵다. 노자는 나아가 무리하게 추진되는 과시적인 어떠한 정책과 조치도 모두 사람들의 지지를 얻을 수 없고 결국 실패할 수밖에 없다는 점을 우회적으로 암시하고 있다.

　『논어』를 한 마디로 요약하자면, 위정자를 비롯한 모든 사람은 성실한 삶을 살아가야 한다는 가르침이라 할 수 있다. 이에 비해 『도덕경』은 '인위적'인 그 내용이나 '강제성 있는', 일종의 '주입식'의 가르침 때문이라기보다 그 내용 자체가 인간의 본성에 가장 자연스럽게 부합된다. 그러므로 모든 사람들에게 부담감 없이 편안하게 받아들여진다.

25장 도는 자연을 본받는다

有物混成, 先天地生.
유 물 혼 성　선 천 지 생

寂兮廖兮!
적 혜 료 혜

獨立不改, 周行而不殆, 可以爲天下母.
독 립 불 개　주 행 이 불 태　가 이 위 천 하 모

吾不知其名, 强字之曰道, 强爲之名曰大.
오 부 지 기 명　강 자 지 왈 도　강 위 지 명 왈 대

大曰逝, 逝曰遠, 遠曰返.
대 왈 서　서 왈 원　원 왈 반

故道大, 天大, 地大, 人亦大.
고 도 대　천 대　지 대　인 역 대

域中有四大, 而人居其一焉.
역 중 유 사 대　이 인 거 기 일 언

人法地, 地法天, 天法道, 道法自然.
인 법 지　지 법 천　천 법 도　도 법 자 연

어떤 하나가 혼연일체로 형성되어 천지에 앞서 이미 존재하였다.

고요하도다! 비었도다!

그것은 홀로 존재하여 불변하였고, 순환불식 운행하여 능히 천하

의 모체였다.

나는 그 이름을 알지 못하나, 굳이 말한다면 도라 할 수 있고 또 굳이 그 이름을 지으라면 대大라 붙일 수 있다.

그것은 광대무변하여 끊임이 없으며, 끊임이 없이 널리 확산하며, 확산하되 다시 돌아온다.

그러므로 도가 큰 것이고, 하늘이 크며 땅도 크고 사람 역시 크다.

이 우주에 네 종류의 큰 것이 있으니 사람 역시 그 중 하나다.

사람은 대지를 본받고, 대지는 하늘을 본받으며, 하늘은 도를 본받는다. 그리고 도는 자연을 본받는다.

—— 한자 풀이

有物混成 유물혼성 물物은 도道를 가리킨다.

周行 주행 '순환 운행'의 뜻이다.

强爲之名曰大 강위지명왈대 대大는 '광대무변'의 의미로 해석한다.

返 반 "돌아오다."의 의미이다.

域中 역중 '우주 공간'을 말한다.

자연은 결코 인간을 속이지 않는다

이 장은 도의 존재와 운행을 논하는 글이다. 도는 유물혼성有物混成, 혼
연일체로 만들어져 하늘과 땅이 있기 전에 이미 존재하였다. 그것은
절대체絶對體로서 만물을 생성하는 어머니이나. 현실 세계의 모든 만
물은 상대적으로 존재하지만, 오직 '도'만이 절대적으로 그리고 독립
적으로 존재한다. 그것은 유일무이하고 불변하며 결코 소실되지 아니
한다. '도법자연道法自然'이야말로 『도덕경』 전반에 걸쳐 강조되는 핵
심 주제이자 정화精華이다. '법法'은 '효법效法', 즉 '본받다'의 뜻이다.
인법지人法地, 사람은 땅, 대지를 본받고, 지법천地法天, 대지는 하늘을
본받으며, 천법도天法道, 하늘은 도를 본받는다. 그리고 도법자연道法自
然, 도는 자연을 본받는다. 여기에서 '자연'이란 '무상지상無狀之狀', '형
태가 없는 형태'의 자연이다. 결국 자연은 도의 본질이고, 도는 자연
의 표현이다. 그리하여 '도'를 한 단어로 표현한다면, 곧 '자연 규율'이
다. 사물은 모두 일종의 천연의 자연 욕구를 지니고 있으며, '도'란 이
러한 자연 욕구에 대한 순응이다. 이러한 노자의 자연 사상은 "자연으
로 돌아가라."를 외쳤던 장 자크 루소의 주장과 맞닿아 있다. 루소는
그의 저서 『에밀』에서 선언한다. "자연은 결코 인간을 속이지 않는다.
우리를 속이는 것은 항상 우리 자신이다. 자연을 보고, 자연을 통해
배우라. 자연은 끊임없이 자신을 단련한다."

　동양에서 우주관은 전통적으로 개천설蓋天說과 혼천설渾天說로 나
뉘어 발전하였다. 개천설이란 하늘은 둥글고 땅은 네모난 형태라는
주장으로 유가에서 제기하였고, 혼천설은 천지를 계란 모양으로 묘

사하여 하늘은 흰자위로 땅은 노른자로 비유하여 설명한다. 혼천渾
天이란 '둥근 하늘'이라는 의미로서 개천설에 비하여 과학적이다. 혼
천설은 한나라의 위대한 천문학자이자 대표작인 『영헌靈憲』을 남긴
장형張衡에 의해 정립되었는데, 그 기원이 바로 노자사상이다. 장형
은 『영헌』에서 혼돈 상태로서 볼 수 없는 우주의 상태를 설명할 때 본
문에 나오는 "유물혼성, 선천지생有物混成, 先天地生"을 인용하고 있다.

26장   경솔하면 곧 근본을 잃게 된다

重爲輕根, 靜爲躁君.
중 위 경 근   정 위 조 군

是以聖人終日行不離輜重, 雖有榮觀, 燕處超然.
시 이 성 인 종 일 행 불 리 치 중   수 유 영 관   연 처 초 연

奈何萬乘之主, 而以身輕天下?
내 하 만 승 지 주   이 이 신 경 천 하

輕則失本, 躁則失君.
경 즉 실 본   조 즉 실 군

중후함은 가벼움의 근본이고, 정적인 것은 동적인 것의 주인이다.

그러므로 성인은 하루 종일 짐을 실은 수레의 곁을 벗어나지 않으며, 비록 부귀영화가 있어도 평안하게 살며 초연하다.

만승의 수레를 갖춘 대국의 군주로서 어찌 경솔하게 천하를 다스릴 것인가?

경솔하면 곧 근본을 잃게 되고, 조급하면 곧 주인의 풍모를 잃게 된다.

榮觀 영관 '부귀영화'를 의미한다.

燕處 연처 "평안하게 살다."의 뜻으로 해석한다.

萬乘之主 만승지주 '만승의 수레가 있는 대국의 군주'라는 의미이다.

—— 깊이 보기

부귀영화, '영榮'을 초월하다

중重은 근본이고 경輕은 부차적인 것이다. 또 정靜은 근본이고 동動은 부차적인 것이다. 그러므로 부차적인 경輕과 동動에 이끌려 경솔해지거나 조급해지면 곧 근본을 잃고 결국에는 천하와 민심을 잃게 되는 법이다. 어떠한 사물이든 모두 양면의 상이한 측면을 지닌다. 그러므로 부귀영화, '영榮'에 처했을 때에도 그 '영榮'을 초월하여 그 배후에 있는 '욕辱'을 미리 통찰할 수 있어야 한다. 비록 좋은 상황에 처했어도 그 좋은 것을 초월하여 그 배후에 존재하는 좋지 못한 것을 볼 수 있어야만 비로소 좋지 못한 상황에 처하게 되는 위험을 피할 수 있게 된다. 수신의 차원이든 나아가 치세治世의 영역이든 모두 중重과 정靜의 근본을 지켜야 하며, 모름지기 신중하게 중용지도中庸之道를 적용해야 한다.

27장 행동에 능한 자는 흔적을 남기지 않는다

善行, 無轍迹.
선 행 무 철 적

善言, 無瑕讁.
선 언 무 하 적

善數, 不用籌策.
선 수 불 용 주 책

善閉, 無關楗而不可開.
선 폐 무 관 건 이 불 가 개

善結, 無繩約而不可解.
선 결 무 승 약 이 불 가 해

是以聖人常善求人, 故無棄人, 常善救物, 故無棄物.
시 이 성 인 상 선 구 인 고 무 기 인 상 선 구 물 고 무 기 물

是謂襲明.
시 위 습 명

故善人者, 不善人之師. 不善人者, 善人之資.
고 선 인 자 불 선 인 지 사 불 선 인 자 선 인 지 자

不貴其師, 不愛其資, 雖智大迷.
불 귀 기 사 불 애 기 자 수 지 대 미

是謂要妙.
시 위 요 묘

행동에 능한 자는 흔적을 남기지 않는다.

언변에 능한 자는 지적당할 만한 약점이 없다.

계산에 능한 자는 주판이 필요 없다.

문단속에 능한 자는 문을 잠그지 않아도 열리지 않는다.

매듭을 잘 짓는 자는 줄이 없어도 풀리지 않는다.

성인은 언제나 사람을 잘 돕고 구하므로 버려지는 사람이 없고, 또 항상 물건을 잘 이용하므로 버려지는 물건이 없다.

이것을 일러 숨겨놓은 지혜라고 한다.

그러므로 선한 자는 선하지 않은 자의 스승이며, 선하지 않은 자는 선한 사람의 거울이다. 그 스승을 귀하게 모시지 않고 남을 거울로 삼지 않는다면, 비록 지혜가 있다고 해도 크게 어리석을 뿐이다.

이것이 심오하고 오묘한 도리다.

—— 한자 풀이

轍迹 철적 수레가 지나간 흔적을 말한다.

襲明 습명 '숨겨놓은 지혜'를 의미한다.

襲 습 "덮다."의 의미로 해석한다.

資 자 '거울'의 뜻이다.

不愛其資 불애기자 '남을 거울로 삼지 않는다면'으로 해석하는 것이 타당하다.

'숨겨놓은 지혜'

'무위'의 원칙을 강조하는 글이다. 우리가 어떤 한 사물을 볼 때, 모름지기 사물의 양면을 모두 살펴야 한다. 사물의 한 면만 본다면, 그야말로 하나만 알고 둘은 모르게 되는 어리석음을 범하게 된다. 이 세상에는 선한 사람만이 아니라 선하지 않은 사람도 쓸모가 있다. 선하지 않다고 해서 버려서는 안 된다. 우선 최선을 다하여 그가 선하게 변할 수 있도록 인도하고 권면해야 한다. 선하지 않은 사람도 남에게 거울의 역할을 수행함으로써 더 많은 사람을 선하게 만드는 역할을 수행하게 된다.

28장　흰 것을 알고 검은 것을 지켜 세상의 법도가 된다

知其雄, 守其雌, 爲天下谿.
지 기 웅　수 기 자　위 천 하 계

爲天下谿, 常德不離, 復歸於嬰兒.
위 천 하 계　상 덕 불 리　복 귀 어 영 아

知其白, 守其黑, 爲天下式.
지 기 백　수 기 흑　위 천 하 식

爲天下式, 常德不忒, 復歸於無極.
위 천 하 식　상 덕 불 특　복 귀 어 무 극

知其榮, 守其辱, 爲天下谷.
지 기 영　수 기 욕　위 천 하 곡

爲天下谷, 常德乃足, 復歸於朴.
위 천 하 곡　상 덕 내 족　복 귀 어 박

朴散則爲器. 聖人用之, 則爲官長.
박 산 즉 위 기　성 인 용 지　즉 위 관 장

故大制不割.
고 대 제 불 할

　수컷의 강함을 잘 알고 있지만, 도리어 암컷의 유약함을 지켜 기꺼이 천하의 계곡이 되고자 한다.
　기꺼이 천하의 계곡이 되고자 하면, 곧 영원한 덕성이 떠나가지 않고 마치 어린아이와 같은 순진무구의 단순한 상태로 돌아가게 된다.

흰 것을 잘 알고 있지만, 검은 것을 지켜(광명의 밝음을 잘 알고 있지만, 도리어 기꺼이 어둠에 처해) 천하의 법도가 되고자 한다.

기꺼이 천하의 법도가 되고자 하면 영원한 덕행과 어긋나지 않아 최종의 진리에 돌아가게 된다.

영화로움을 잘 알고 있지만, 도리어 굴욕의 처지를 지켜 기꺼이 천하의 골짜기가 되고자 한다.

기꺼이 천하의 골짜기가 되고자 하면 영원한 덕성이 가득 차게 되어 자연 본연의 소박하고 순수한 상태로 돌아가게 된다.

자연 본연의 소박함은 만사만물로 변화, 발전하여 성인이 활용함으로써 만물의 우두머리가 된다.

그러므로 완전한 정치는 분할됨이 없다.

—— 한자 풀이

知其白, 守其黑 지기백, 수기흑 "광명光明의 밝음을 잘 알고 있지만, 도리어 기꺼이 어둠에 처하다."를 뜻한다.

爲天下式 위천하식 식式은 '법도法度', '전범典範'의 뜻이다.

忒 특 "어긋나다."의 의미이다.

無極 무극 '최종의 진리'를 말한다.

朴散則爲器 박산즉위기 기器는 '만사만물'의 의미로 해석한다.

大制不割 대제불할 제制는 '정치'를 비유한다.

'복원'이란 끝이 아니라 '다시 시작함'이다

이 글에서 노자는 '복귀', '복원'의 당위성을 특별히 강조하고 있다. 그러나 '복귀'란 복귀했다고 하여 그것으로 끝이라는 의미는 아니다. 복귀의 '마지막'은 다시 '시작'이며, 이는 '주이복시周而復始', 즉 무극無極, 무한無限하여 부단히 순환한다. 결국 노자 사상의 궁극이란 거짓과 사기, 탐욕, 기교, 쟁투爭鬪 등 온갖 세속적 오염에서 벗어난 본성으로 복귀하여 다시 '박朴', 소박素朴함과 질박質朴함의 상태로 원상회복하는 것이다. '박朴'은 『설문說文』에 "박, 목피야朴, 木皮也"로 설명되어 있듯이, '가공되지 않은 목재木材', 즉 '꾸미지 않은, 수식修飾되지 않은 원목의 상태'를 가리킨다.

한편 이 장에서 세 차례나 반복하여 출현하고 있는 '지知~, 수守~'의 논리는 양자 중 하나를 선택하는 취사선택의 관계가 아니다. 오히려 양자를 상호 보완하여 공존하고 공생하는 관계로 파악해야만 한다. 지기백, 수기흑知其白, 守其黑의 구절은 '지백수흑知白守黑'의 성어로 사용된다.

29장 군림하면 패망하고, 농단하면 잃게 된다

將欲取天下而爲之, 吾見其不得已.
장 욕 취 천 하 이 위 지 오 견 기 부 득 이

天下神器.
천 하 신 기

不可爲也, 不可執也.
불 가 위 야 불 가 집 야

爲者敗之, 執者失之.
위 자 패 지 집 자 실 지

是以聖人無爲, 故無敗, 無執, 故無失.
시 이 성 인 무 위 고 무 패 무 집 고 무 실

故物, 或行或隨, 或噓或吹, 或强或羸, 或載或隳.
고 물 혹 행 혹 수 혹 허 혹 취 혹 강 혹 리 혹 재 혹 휴

是以聖人去甚, 去奢, 去泰.
시 이 성 인 거 심 거 사 거 태

천하를 취하여 군림하고자 하지만, 그렇게 될 수 없음을 나는 안다.

천하는 신묘한 기물이다.

군림할 수 없고 농단할 수 없다.

군림하면 패망하고, 농단하면 잃게 된다.

성인은 무위하므로 패망하지 않으며, 농단하지 않으므로 잃음이

없다.

사물이란 때로는 앞서다가 때로는 뒤따르거나, 때로는 느리다가 때로는 급하게 된다. 또 때로는 강하지만 때로는 약하거나, 때로는 편안하다가 때로는 위험하게 된다.

그러므로 성인은 극단을 버리고, 사치를 버리며, 지나치게 큰 것을 버린다.

—— 한자 풀이

噓 허 천천히 숨을 내쉬는 형상을 말한다.

吹 취 급하게 숨을 내쉬는 모습을 형용하고 있다.

羸 리 '유약함'을 형용한다.

載 재 '편안함'을 뜻한다.

隳 휴 '위험'을 의미한다.

甚 심 '극단'을 뜻한다.

泰 태 '지나치게 큰 것'을 의미한다.

—— 깊이 보기

농단하지 않으므로 잃음이 없다

이 세상의 모든 인간과 사물은 각기 자신의 본성을 지닌다. 그 차별성과 특수성은 본연의 속성이다. 국가를 자신이 경영해야 할 천하로 파

악하는 사람이 있는가 하면, 자기 가족을 자신의 천하天下로 삼는 사람
이 있다. 또 자기 자신의 수양을 최고 가치로 삼는 사람도 있을 터이
고, 혹은 특정 식물이나 특정 동물을 자신의 가치로 여기는 사람도 있
을 수 있다. 그런 까닭에 자신의 주장이나 의지를 다른 사람에게 강제
해서는 안 되고, 강제적인 조치를 강요해서도 안 된다. 오직 이상적인
성인만이 자연에 순응하고, 그 흐름에 의거하여 사람들을 인도하며
결코 강요하지 않는다. 그러므로 실패하지 않는다.

30장 도로써 왕을 보좌하는 자는 천하에 무력을 드러내지 않는다

以道佐人主者, 不以兵强天下.
이 도 좌 인 주 자 불 이 병 강 천 하

其事好還.
기 사 호 환

師之所處, 荊棘生焉, 大軍之後, 必有凶年.
사 지 소 처 형 극 생 언 대 군 지 후 필 유 흉 년

善有果而已, 不敢以取强.
선 유 과 이 이 불 감 이 취 강

果而勿矜, 果而勿伐, 果而勿驕, 果而不得已, 果而勿强.
과 이 물 긍 과 이 물 벌 과 이 물 교 과 이 불 득 이 과 이 물 강

物壯則老, 是謂不道.
물 장 즉 로 시 위 부 도

不道早已.
부 도 조 이

'도'로써 군주를 보좌하는 자는 천하에 그 강함을 무력으로써 드러내지 않는다.

무력으로써 강박하는 것은 반드시 그 후과가 있기 때문이다.

군대가 머물던 곳에는 가시나무가 우거지게 되고, 큰 전쟁을 치르고 나면 반드시 흉년이 들게 된다.

병법에 능한 자는 용병의 목적이 이뤄지면 그것으로 족하며, 무력으로써 반드시 승리를 얻으려 하지 않는다.

목적을 이루었지만 도리어 긍지로 여기지 않고 자랑하지 않으며 교만하지 않고, 부득이하여 한 일로 여기며, 강함을 드러내지 않는다.

사물이란 지나치게 강하면 곧 쇠퇴의 길을 걷는다. 그것은 도에 부합하지 않다는 것을 의미한다.

도에 부합하지 않으면 곧 죽게 된다.

—— 한자 풀이

伐 벌 "자랑하다."의 의미로 해석한다.

—— 깊이 보기

지나치게 강하면 곧 쇠락한다

이 글은 노자의 반전反戰 사상을 잘 표현하고 있다. "군대가 머물던 곳에는 형극, 가시나무가 우거지게 되고, 큰 전쟁을 치르고 나면 반드시 흉년이 들게 된다." 노자는 전쟁이야말로 가장 우매한 행위이고, 백성들에게 가장 큰 재난을 안겨준다는 점을 역설하고 있다. 동시에 전쟁에 의존하는 군주는 반드시 쇠퇴한다는 점도 준열하게 경고하고 있다. 글 말미에서 노자는 단언한다. "극에 이르면 쇠한다." 물극즉반物極則反의 이치이다. 오늘의 강함은 곧 내일의 쇠락을 의미한다. 그리고 빛과 광채의 배후에는 반드시 어둠이 있다.

31장　병기兵器란 상서롭지 못한 것이다

夫兵者, 不祥之器.
부 병 자　불 상 지 기

物或惡之.
물 혹 오 지

故有道者不處.
고 유 도 자 불 처

君子居則貴左, 用兵則貴右.
군 자 거 즉 귀 좌　용 병 즉 귀 우

兵者, 不祥之器, 非君子之器.
병 자　불 상 지 기　비 군 자 지 기

不得已而用之, 恬淡爲上.
불 득 이 이 용 지　념 담 위 상

勝而不美.
승 이 불 미

而美之者, 是樂殺人.
이 미 지 자　시 낙 살 인

夫樂殺人者, 則不可得志於天下矣.
부 락 살 인 자　즉 불 가 득 지 어 천 하 의

吉事尙左, 凶事尙右, 偏將軍居左, 上將軍居右.
길 사 상 좌　흉 사 상 우　편 장 군 거 좌　상 장 군 거 우

言以喪禮處之.
언 이 상 례 처 지

殺人之衆, 以哀悲莅之, 戰勝, 以喪禮處之.
살 인 지 중 이 애 비 리 지 전 승 이 상 례 처 지

병기兵器란 상서롭지 못한 것이다.

사람들은 모두 그것을 싫어한다.

그러므로 도를 지닌 자는 그것을 사용하지 않는다.

군자는 평소 왼쪽에 앉지만[16] 용병하는 경우에는 오른쪽에 앉는다.

병기란 상서롭지 못한 것으로 군자가 사용할 것이 아니다.

그러나 부득이하여 그것을 사용할 때에는 이익을 탐하는 마음 없이 하는 것이 가장 좋다.

싸워서 승리하더라도 이것을 미화해서는 안 된다.

이기는 것을 즐기는 사람은 사람 죽이기를 좋아하는 자이다.

사람 죽이기를 즐겨하는 사람은 자신의 뜻을 세상에 펴지 못한다.

좋은 일에는 왼쪽을 상석으로 하고 나쁜 일이라면 오른쪽을 상석으로 한다. 부장군은 왼쪽에 자리하고 대장은 오른쪽에 자리한다.

이는 곧 상례喪禮 의식으로써 전쟁을 치러야 한다는 것이다.

전쟁이란 많은 사람을 죽이는 것이므로 애통하는 마음으로 참가해야 하고, 전쟁에서 승리했어도 전사자를 상례의 의식으로 대우해야 한다.

---

16 중국 고대시대에는 주인이 오른쪽에 앉고 손님이 왼쪽에 앉는 것이 예절이었다. 그러므로 군자가 왼쪽에 앉는 것은 겸양의 의미다.

物或惡之 물혹오지 물物은 '사람, 인人'을 가리킨다.

—— 깊이 보기

반전反戰론자로서의 노자

노자가 『도덕경』에서 전쟁을 언급하는 것은 전쟁을 반대하고 최대한 그것을 피해야 한다는 그의 반전사상으로부터 비롯된다. 노자가 살았던 당시의 세계는 전란이 끊이지 않던 시대였다. 그러므로 전쟁은 언제나 눈앞에 직면할 수밖에 없는 필연적 현실이기도 했다. 예를 들어, 당나라 말기에 발생한 안록산의 난으로 인하여 전국이 전란에 휩싸이면서 당 현종 때인 755년에 비하여 불과 5년 뒤에는 무려 3천 5백여만 명의 인구가 감소하였다. 하남성의 인구는 원래 3천 호였지만 동란을 겪은 뒤 겨우 1천 호만 남았다. 더구나 당시 장강長江 이남의 강남 지역에서 가뭄이 계속되어 열 명 중 7, 8명이 죽는 등 백성들은 모두 죽음에 몰리는 상황이었다. 시성詩聖 두보도 정처 없이 유랑생활을 하면서 아들이 굶어죽는 비극을 맞아야 했다.

　비록 전쟁이 부득이한 경우에도, 노자는 전쟁을 예의에 비유하여 결코 함부로 살상하지 말 것을 강조하였다. 그리고 전쟁에서 필연적으로 많은 살상이 발생하므로 언제나 애통하는 마음으로 전쟁에 임해야 하고 전사자들에 대해서 최선의 의례를 갖춰 대우해야 함을 역설하고 있다.

32장   도는 영원히 이름이 없다

道常無名, 朴.
도 상 무 명   박

雖小, 天下莫能臣也.
수 소   천 하 막 능 신 야

侯王若能守之, 萬物將自賓.
후 왕 약 능 수 지   만 물 장 자 빈

天地相合, 以降甘露, 民莫之令而自均.
천 지 상 합   이 강 감 로   민 막 지 령 이 자 균

始制有名, 名亦旣有, 夫亦將知止.
시 제 유 명   명 역 기 유   부 역 장 지 지

知止, 可以不殆.
지 지   가 이 불 태

譬道之在天下, 猶川谷之於江海.
비 도 지 재 천 하   유 천 곡 지 어 강 해

도는 영원히 이름이 없고 소박하다.

그것은 아주 작아서 보이지 않지만 세상의 어느 것도 그것을 굴복시킬 수 없다.

만약 군왕이 도의 원칙에 의거하여 다스린다면 만물은 스스로 복종하게 된다.

천지 간 음과 양이 화합하면 감로甘露가 내리고, 사람들이 굳이 시키지 않아도 자연히 골고루 적셔진다.

처음에 이름이 있게 되면 다시 이름에 생기게 되니, 장차 멈출 줄을 알아야 한다.

멈출 줄 알면 위태하지 않게 된다.

도가 세상에 존재하게 되면, 마치 냇가의 물과 골짜기의 물이 강과 바다로 자연히 모여드는 것과 같다.

—— 한자 풀이

朴 박 '조각을 하지 않은 원목原木'을 말한다. 아직 조각을 하지 않은 원목은 가능성이 무궁하므로 '진박眞朴'이라 한다. 그리고 조각의 과정을 거친 원목은 이제 모두 그 특수한 형태를 갖게 된다.

自賓 자빈 빈賓은 "복종하다."의 뜻이다.

自均 자균 균均은 "골고루 적시다."의 의미이다.

—— 깊이 보기

허명虛名을 좇게 되니 곧 혼란해진다

이 글에서 천명되는 바는 무위의 정치사상이다. 노자는 '박朴'으로써 '도'의 원시 '무명無名' 상태를 형용한다. 그리고 이 원시 질박한 '도'는 만물을 자라게 하니, 그리하여 각종 '이름', '명칭'이 만들어진다. 이름이 없으면 도의 본래 성질대로 영원 장구하지만, 이름이 있게 되면 그로부터 다시 이름이 생기게 된다. 그러나 하나의 이름은 다른 이름을 낳게 되고 그로부터 또 다른 명칭이 생기게 된다. 이러한 과정을 거치면서 결국 사회는 점점 허명虛名을 좇게 되니 필연적으로 혼란해진다. 이렇게 하여 결국 근본을 잃게 된다.

　세상의 모든 만물은 모두 자신의 이름(명칭)을 가진다. 그리고 그 이름은 각각 자신을 대표한다. 만약 이름과 실질이 부합될 수 있다면, 즉 명실상부名實相符하면 각자 자신의 이름대로 본분을 다하므로 사회는 자연히 안정된다. 그러나 현실에서 명실상부한 것은 동서고금을 통하여 거의 찾아보기 어렵다. 그러므로 모름지기 멈출 줄 알아야 한다. 어떤 일이든 명실상부를 추구해야 하며, 어디까지나 유위와 수식, 기교를 극복하고, 절제하고 물처럼 아래에 처해야 할 일이다.

33장　자기 자신을 아는 사람이야말로 진정으로 총명한 자다

知人者智.
지 인 자 지

自知者明.
자 지 자 명

勝人者有力.
승 인 자 유 력

自勝者强.
자 승 자 강

知足者富, 强行者有志.
지 족 자 부　강 행 자 유 지

不失其所者久.
불 실 기 소 자 구

死而不亡者壽.
사 이 불 망 자 수

남을 아는 사람은 지혜롭다고 할 수 있다.

그러나 자기 자신을 아는 사람이야말로 진정으로 총명한 자다.

남을 이기는 사람은 힘이 강하다고 할 수 있다.

그러나 자기 자신을 이기는 사람이야말로 진정으로 강한 자이다.

만족할 줄 아는 사람이야말로 부유한 사람이고, 끊임없이 노력하는 사람은 지기志氣가 있다고 할 수 있다.

언행이 도에 어긋나지 않은 사람은 능히 장구하게 산다.

비록 몸은 죽었지만 그 정신은 죽지 않는 자야말로 진정으로 장수하는 사람이다.

────── 한자 풀이

所소 '대도大道'를 가리킨다.

死而不亡者壽 사이불망자수 "비록 몸은 죽었지만 그 정신은 죽지 않는 자야말로 진정으로 장수하는 사람이다."라고 해석한다.

────── 깊이 보기

자신을 이기는 사람이야말로 진정으로 강한 자이다

이 글에서 노자가 말하고자 하는 바는 수양과 일종의 인생관이다. 남을 알고(지인知人), 남을 이기는(승인勝人) 것은 가치 있는 일이다. 그러나 그보다 더 중요한 것은 바로 자신을 알고(자지自知), 자신을 이기는(자승自勝) 일이다. 그러므로 모든 승부 중에 가장 어려운 것은 바로 자기 자신과의 싸움이다. '지피지기知彼知己면 백전불태百戰不殆'라는 말도 승리를 하려면 상대방을 알아야 함과 동시에 반드시 나 자신을 정확히 알아야 함을 강조하고 있다.

또 노자는 만족할 줄 아는 자야말로 진정으로 부유하며, 몸은 죽

어도 정신이 죽지 않는 자야말로 진정으로 장수하는 것이라 설파하고
있다. 이 글의 마지막 구절인 사이불망자수死而不亡者壽을 두고서 노자
가 귀신론을 주장했다는 일부 시각도 있다. 그러나 노자가 여기에서
주장한 것은 결코 귀신이나 영혼 불사의 논지가 아니며, 훌륭한 정신
은 영원히 후세에 전해진다는 사실이다.

34장 스스로 위대하다고 하지 않으므로 능히 위대할 수 있다

大道氾兮, 其可左右.
대 도 범 혜   기 가 좌 우

萬物恃之而生而不辭.
만 물 시 지 이 생 이 불 사

功成而不有, 衣養萬物而不爲主, 常無欲.
공 성 이 불 유   의 양 만 물 이 불 위 주   상 무 욕

可名於小.
가 명 어 소

萬物歸焉而不爲主.
만 물 귀 언 이 불 위 주

可名爲大.
가 명 위 대

以其終不自爲大, 故能成其大.
이 기 종 부 자 위 대   고 능 성 기 대

대도大道는 넓어서 좌우 어느 곳 품지 않은 곳이 없다.

만물이 도道에 의지하여 자라나지만 도는 아무 말을 하지 않는다.

공을 이루고도 명성은 가지지 않고, 만물을 보듬고 기르면서도 스스로 주인인양하지 않으며 욕심이 없다.

가히 작다고 할 수 있다.

만물이 모두 자기에게 귀의하지만 스스로 주재하지 않는다.

가히 위대하다고 할 수 있다.

스스로 위대하다고 하지 않으므로 능히 위대할 수 있다.

—— 한자 풀이

氾 범 범氾, "넓다."의 의미이다.

恃 시 "의지하다."의 뜻이다.

衣養 의양 "덮다.", "보듬다.", "포용하다."의 뜻으로 해석한다.

—— 깊이 보기

대도大道는 넓어서 품지 않은 곳이 없다

이 장은 '도'의 역할과 그 성격을 논하고 있다. 도는 만물을 키우지만 스스로 자랑하지 않고, 공을 이루지만 결코 그로 인한 명성을 갖고자 하지 아니한다. 하지만 스스로 위대하다고 생각하지 않기 때문에 도리어 위대한 공적을 성취할 수 있게 된다. 도를 지닌 성인 역시 그러하다. 그리고 도와 성인이 지닌 이러한 덕목이 바로 노자가 위정자에게 바라는 내용이다.

『도덕경』은 우리에게 무엇을 말하고자 하는가?

노자가 살았던 춘추시대 말기에는 제후 각국 간에 무력에 의한 전쟁이 끊이지 않았고, 사회의 예의윤리는 이미 회복할 수 없이 붕괴된 상태였다. 노자는 이렇게 인간사회에서 분쟁이 끊어지지 못한 요인은 성인聖人이나 예의, 법령, 욕망, 지혜 등 '인위적이며' '작위적인' 정책이나 조치라고 인식하였다. 즉, 모든 사람이 명리名利와 권력과 금력 그리고 승부욕 등의 명예만을 중시하기 때문에 유한한 자원이라는 조건 하에서 필연적으로 점유를 위한 전쟁이 발생한다는 것이다. 따라서 노자는 자연으로의 복귀와 무위에 순응하는 정치, 지혜와 단절한 청정한 자연세계의 규율을 제기하였고, 이로부터 비로소 유약함이 능히 강함을 이기며, 소국과민의 평정한 생활에 이를 수 있다고 강조하였다.

결국 노자는 철학적 측면에서 '도道'는 천지만물의 시초이자 모태이며, 음양의 대립과 통일은 만물 본질의 체현이고, 물극필반物極必反은 만물 변화의 규율임을 천명하고 있다. 또 윤리적 측면에서 노자의 '도'는 소박함과 청정 그리고 겸양, 무사無私, 유약柔弱, 담박淡泊 등 자연에 순응하는 덕성을 주창하였다. 아울러 정치적 측면에서는 대내적으로 무위정치를 강조하였고, 대외적으로 평화공존과 전쟁 및 폭력 반대를 지향하였다. 이렇게 하여 『도덕경』은 자연의 '도'로부터 출발하여 윤리적인 '덕'에 이르고 있으며, 다시 최종적으로 이상 정치의 길을 제시하고 있다.

35장 천하가 모두 도를 지향하니 세상이 평화롭다

執大象, 天下往.
집 내 상 천 하 왕

往而不害, 安平太, 樂與餌, 過客止.
왕 이 불 해 안 평 태 악 여 이 과 객 지

道之出口, 淡乎!
도 지 출 구 담 호

其無味, 視之不足見, 聽之不足聞.
기 무 미 시 지 부 족 견 청 지 부 족 문

用之不足既.
용 지 부 족 기

도道가 있는 곳으로 천하의 모든 사람이 향한다.

천하가 모두 도를 지향하니 세상이 평화롭다.

도는 아름다운 음악과 맛있는 음식과 같아 지나가는 과객도 멈추게 한다.

도란 무엇인가를 말한다면 담담하구나!

맛도 없고, 보아도 볼 만한 것이 없으며, 들어도 들을 만한 것이 없다.

그러나 그 쓰임에 다함이 없다.

大象 대상 '천상지모天象之母', 곧 '도道'를 의미한다.

安 안 내乃, '그리하여'의 뜻이다.

旣 기 진盡과 같은 의미로 사용되고 있다.

―― 깊이 보기

도의 쓰임에는 다함이 없다

이 장에서는 도가 지니는 역할과 그 엄청난 영향에 대하여 묘사하고 있다. 그리하여 이 글은 도에 대한 한 편의 송가頌歌라 부를 수 있다. 『도덕경』은 이처럼 곳곳에서 거듭하여 도에 대하여 논하고 있지만, 그 다루는 바를 적재적소에 배치하여 전혀 중복이 없다. 노자가 살던 춘추시대 말기, 지배층은 오로지 부귀영화만을 추구한 반면 백성들이 겪어야 하는 일체의 고통에는 철저히 눈과 귀를 막았다. 노자는 이 글에서 지배층들이 즐겼던 산해진미와 풍악과 도道를 비교한다. 도는 비록 '맛도 없고 보아도 볼 만한 것이 없으며, 들어도 들을 만한 것이 없지만', 오히려 그 쓰임은 다함이 없으며, 또한 모든 사람이 도를 지향한다는 점을 풍자하고 있다.

36장　유약함이 강함을 이긴다

將欲歙之, 必固張之.
장 욕 흡 지　필 고 장 지

將欲弱之, 必固强之.
장 욕 약 지　필 고 강 지

將欲廢之, 必固興之.
장 욕 폐 지　필 고 흥 지

將欲奪之, 必固與之.
장 욕 탈 지　필 고 여 지

是謂微明.
시 위 미 명

柔弱勝剛强.
유 약 승 강 강

魚不可脫於淵, 國之利器, 不可以示人.
어 불 가 탈 어 연　국 지 리 기　불 가 이 시 인

거둬들이고자 한다면 반드시 먼저 그것을 확장시켜야 한다.

약화시키고자 한다면 반드시 먼저 그것을 강하게 만들어야 한다.

없애고자 한다면 반드시 먼저 그것을 흥하게 해야 한다.

빼앗고자 한다면 반드시 먼저 줘야 한다.

이것을 일러 '미묘한 조짐'이라 한다.

유약함은 강함을 이긴다.

물고기는 연못을 떠날 수 없으며, 국가의 형벌과 정책은 백성들에게 가벼이 적용하여 위협해서는 안 된다.

—— 한자 풀이

微明 미명 아직 나타나지 않은 미묘한 정황을 보고 이미 앞으로 진행될 그 변화와 발전을 안다는 의미로서 '미묘한 조짐(선조先兆)'을 뜻한다.

國之利器 국지리기 '국가의 형벌과 정책'을 가리킨다.

不可以示人 불가이시인 "백성들에게 가벼이 적용하여 위협해서는 안 된다."로 해석한다.

—— 깊이 보기

없애고자 한다면 반드시 먼저 그것을 흥하게 해야 한다

여기에서 "시위미명, 유약승강강是謂微明, 柔弱勝剛強" 이외의 다른 문장들은 모두 속담이다. "장욕흡지, 필고장지將欲歙之, 必固張之; 장욕약지, 필고강지將欲弱之, 必固强之; 장욕폐지, 필고흥지將欲廢之, 必固興之; 장욕탈지, 필고여지將欲脫之, 必固與之"는 『전국책戰國策·위책1魏策一』이 그 출전이다.

이 글은 사물의 양면성과 모순의 전화 관계를 다루고 있다. 특히 노자는 이 글에서 '물극필반物極必反'의 유명한 말을 제기하고 있다. 무

롯 모든 사물은 극에 이르면 반전하게 된다. 이로써 "모든 왕성한 것은 오래 가지 못한다."는 말도 반드시 성립한다. 그러므로 노자는 유약함이 반드시 강함을 이긴다고 단언한다. 그리고 이는 정치에도 그대로 적용된다. 백성들을 괴롭히는 강압적인 정책이나 조치를 결코 시행해서는 안 된다는 노자의 신념이 거듭 강조되고 있다.

37장　도는 언제나 자연스럽게 무위이지만 행하지 아니함이 없다

道常無爲而無不爲.
도 상 무 위 이 무 불 위

侯王若能守之, 萬物將自化.
후 왕 약 능 수 지　만 물 장 자 화

化而欲作, 吾將鎭之以無名之朴.
화 이 욕 작　오 장 진 지 이 무 명 지 박

鎭之無名之朴, 夫亦將無欲.
진 지 무 명 지 박　부 역 장 무 욕

不欲以靜, 天下將自定.
불 욕 이 정　천 하 장 자 정

　도는 언제나 자연스럽게 '무위無爲'이지만 행하지 아니함이 없다.
　만약 왕후王侯가 도의 원칙에 따라 천하를 다스린다면 세상 만물은 스스로 생장한다.
　스스로 생장하면서 탐욕이 생기게 될 때에는 나는 도道로써 진정시킬 것이다.
　도로써 진정시킨다면, 곧 탐욕의 마음이 사라진다.
　만물에 탐욕의 마음이 사라지면 천하는 곧 안녕하게 된다.

無名之朴 무명지박 '무명無名'은 곧 도道를 의미한다.

朴 박 '진박眞朴'을 가리킨다.

―――― 깊이 보기

'도'는 만물이 스스로 운행하도록 한다

이 장은 『도경道經』의 마지막 장으로서 도에 의한 정치 원칙을 다시 천명하고 있다. 즉, 위정자가 도의 원칙에 의하여 정치를 시행한다면, 백성들은 자연에 의거하여 생장生長할 것이다. 그리하면 탐욕은 적어질 것이고, 천하는 자연히 안정될 것이다.

'도道'는 곧 '무위無爲'이다. 이 글에 출현하는 '정靜', '박朴' 그리고 '불욕不慾'은 모두 무위에 포괄되는 내용이다. 하지만 이 '무위'란 '도'가 아무런 행위도 하지 않는다는 의미가 아니라, '도'가 만물을 '통제'하지 않으며 간섭하지 않는다는 뜻이다. '도'는 만물이 스스로 운행, 활동하도록 하는 것이다. 그리고 이는 곧 자연에 순응하는 것이다. 그리하여 '무위'란 결국 '도'의 운행과 활동 방식이다.

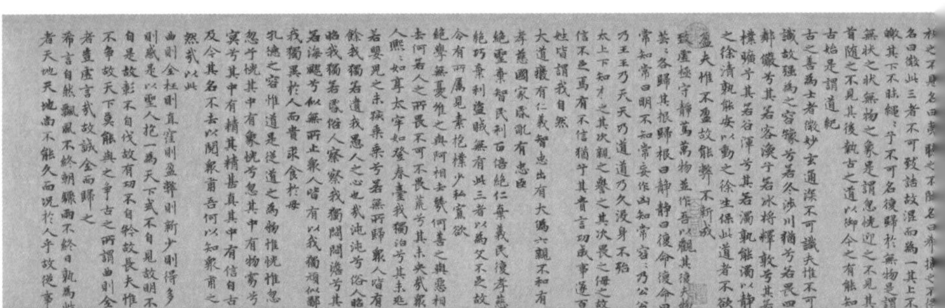

도덕경과 노자의 초상.

(원나라 화가·서예가 조맹부趙孟頫 작)

老子

道可道非常道名可名非常名無名天地之始
有名萬物之母常無欲以觀其妙常有欲以觀
其徼此兩者同出而異名同謂之玄玄之又玄眾
妙之門

天下皆知美之為美斯惡已皆知善之為善斯
不善已故有無相生難易相成長短相形高
下相傾音聲相和前後相隨是以聖人處
無為之事行不言之教萬物作焉而不辭生而
不有為而不恃功成而弗居夫唯弗居是以不去

不尚賢使民不爭不貴難得之貨使民不為
盜不見可欲使民心不亂是以聖人之治虛
其心實其腹弱其志強其骨常使民無知無欲
使夫智者不敢為也為無為則無不治

道沖而用之或不盈淵兮似萬物之宗挫
其銳解其紛和其光同其塵湛兮似或存
吾不知誰之子象帝之先

天地不仁以萬物為芻狗聖人不仁以百姓為芻
狗天地之間其猶橐籥乎虛而不屈動而愈
出多言數窮不如守中

谷神不死是謂玄牝玄牝之門是謂天地根
綿綿若存用之不勤

天長地久天地所以能長且久者以其不自生故
能長生是以聖人後其身而身先外其身而
身存非以其無私邪故能成其私

上善若水水善利萬物而不爭處眾人之所
惡故幾於道居善地心善淵與善仁言善信
政善治事善能動善時夫唯不爭故無尤

持而盈之不如其已揣而銳之不可長保
金玉滿堂莫之能守富貴而驕自遺其咎功
成名遂身退天之道

載營魄抱一能無離乎專氣致柔能嬰兒
乎滌除玄覽能無疵乎愛民治國能無為
乎天門開闔能為雌乎明白四達能無知乎
生之畜之生而不有為而不恃長而不宰是謂
玄德

三十輻共一轂當其無有車之用埏埴以為
器當其無有器之用鑿戶牖以為室當其無
有室之用故有之以為利無之以為用

五色令人目盲五音令人耳聾五味令人口爽
馳騁畋獵令人心發狂難得之貨令人行妨

하
편

德經

덕
경

38장 상덕上德을 지닌 사람은 덕을 드러내지 않는다

上德不德. 是以有德.
상 덕 부 덕   시 이 유 덕

下德不失德. 是以無德.
하 덕 불 실 덕   시 이 무 덕

上德無爲而無以爲, 下德無爲之而有以爲.
상 덕 무 위 이 무 이 위   하 덕 무 위 지 이 유 이 위

上仁爲之而無以爲. 上義爲之而有以爲.
상 인 위 지 이 무 이 위   상 의 위 지 이 유 이 위

上禮爲之而莫之應, 則攘臂而仍之.
상 례 위 지 이 막 지 응   즉 양 비 이 잉 지

故失道而後德, 失德而後仁, 失仁而後義, 失義而後禮.
고 실 도 이 후 덕   실 덕 이 후 인   실 인 이 후 의   실 의 이 후 례

夫禮者, 忠信之薄, 而亂之首.
부 예 자   충 신 지 박   이 난 지 수

前識者, 道之華, 而愚之始.
전 식 자   도 지 화   이 우 지 시

是以大丈夫處其厚, 不居其薄, 處其實, 不居其華.
시 이 대 장 부 처 기 후   불 거 기 박   처 기 실   불 거 기 화

故去彼取此.
고 거 피 취 차

상덕上德을 지닌 사람은 밖으로 덕이 있음을 드러내지 않는다. 왜냐하면 실제로 덕이 있기 때문이다.

하덕下德을 지닌 사람은 밖으로 덕을 잃지 않았음을 드러낸다. 왜냐하면 실제 덕이 없기 때문이다.

상덕을 지닌 사람의 무위無爲는 자연스러운 행위이지만, 하덕을 지닌 사람의 무위는 일부러 하는 행위이다.

상인上仁을 지닌 사람은 인仁으로써 세상에 행하고자 하지만 마음으로 행하는 것이 아니고, 상의上義를 지닌 사람은 의義로써 세상에 행하고자 하지만 일부러 하는 것이다. 상례上禮를 지닌 사람은 예禮로써 세상에 행하고자 하지만 응함이 없으므로 곧 팔을 내밀어 사람들을 강제로 이끈다.

그러므로 도를 잃으면 뒤에 비로소 덕이 나타나고, 덕을 잃으면 뒤에 비로소 인이 나타나며, 인을 잃으면 뒤에 비로소 의가 나타난다. 그리고 의를 잃으면 뒤에 비로소 예가 나타난다.

대체로 예란 충신忠信이 엷어진 것이며 화란禍亂의 시초이다.

이른바 '미리 앎', '선지先知'란 단지 도道의 헛된 화려함이고 어리석음의 시작이다.

그러한 까닭에 대장부는 돈후함으로써 입신하고 예禮의 천박함에 처하지 아니하며, 소박함을 유지하고 헛된 화려함에 처하지 아니한다.

그러므로 천박함과 화려함을 버리고 돈후함과 소박함을 취한다.

—— 한자 풀이

首 수 '시초'를 의미한다.

前識者 전식자 '선지先知' 혹은 '선견지명'을 뜻한다.

華 화 '헛된 화려함'으로 해석한다.

薄 박 '천박'의 뜻으로 예禮의 경박함을 비유하고 있다.

───── 깊이 보기

예禮란 충신忠信이 엷어진 것이며 화란禍亂의 시초이다

38장부터는 덕을 주로 다뤄 『덕경』으로 칭해진다. 도가에서 말하는 덕德은 일반적으로 이해되는 그러한 도덕이나 덕행이 아니다. 또한 유가의 이른바 '인의도덕仁義道德'과도 상이하다. 노자가 말하는 덕이란 오히려 '선善'과 유사한 개념으로서 도를 익히는 수도자修道者가 반드시 지녀야 하는 특유의 세계관이자 방법론이며 사람됨과 처세의 방법이기도 하다.

　이 장은 인仁과 의義, 예禮를 강조하는 유가를 비판하고 풍자하는 내용이다. 어디까지나 도道가 가장 높은 차원이고 다음은 덕德이며, 인, 의, 예는 차원이 떨어지는, 인위적인 개념이라는 것이다. '상인위지이무이위上仁爲之而無以爲'의 이以는 심心, '고의故意', '일부러'로 해석한다. '상덕무위이무이위上德無爲而無以爲', '하덕무위지이유이위下德無爲之而有以爲', '상인위지이무이위上仁爲之而無以爲', '상의위지이유이위上義爲之而有以爲', '상례위지이막지응上禮爲之而莫之應'의 문장은 한자어 한두 글자만 바꾼 채 나열하고 비교법을 이용함으로써 덕과 인, 의 그리고 예의 상황을 극적으로 비교, 설명하고 있다.

　그런데 '상덕무위이무이위上德無爲而無以爲', '상인위지이무이위上仁爲

之而無以爲’에서 동일하게 ‘무이위無以爲’가 있어 대부분 같은 의미로 해석하고 있다. 그러나 필자는 그 의미가 상이한 것으로 해석한다. 만약 같은 의미로 해석한다면 상덕上德을 지닌 사람과 상인上仁을 지닌 사람을 동일하게 평가하는 것으로 되며, 이는 노자의 의도를 왜곡하는 것이다. 즉, 상덕上德을 지닌 사람은 그 무위가 ‘자연에 순응하는’ 높은 차원의 행위이지만, 상인上仁을 지닌 사람의 행위는 그저 ‘단순한, 마음이 없는’ 행위에 불과하다는 것이다. 이는 다음 구절 ‘상의위지이유이위上義爲之而有以爲’에서 ‘무이위無以爲’가 아니라 다시 ‘유이위有以爲’로 바뀐 것으로도 유추할 수 있다. 즉, ‘의義’란 자연스럽게 하는 행위가 아니라 고의로 하는 행위라는 것이다. 인仁보다도 의義가 차원이 더 낮은 것이다.

노자는 상덕을 ‘도’로부터 비롯되며, 일체 자연에 순응하는 것으로서 명백하게 ‘무위無爲’의 특징을 지니는 것으로 인식한다. 이에 반해 하덕은 명백하게 ‘유위有爲’의 특징을 지니며 인위적인 행위 규범을 중시한다. 그리하여 노자의 눈에는 공자가 주장하는 인의예지신이란 기껏해야 인위적인 교화의 결과로서 진정한 무위의 경지에 이를 수 없기에, 하덕으로 간주한다. 결국 노자가 『도덕경』을 통하여 말하고자 하는 요체는 사람들에게 수도修道의 방법을 제시하는 것이다. 여기에서 덕德은 토대이며, 도道는 덕의 승화이다. 덕의 토대 없이는 사람됨과 처세, 치가治家, 치국治國 모두 실패할 수밖에 없고, 따라서 수도의 길로 갈 수 없다. 그러므로 ‘수덕修德’은 ‘수도修道’를 위한 외부적인 조건을 창조하는 것이다. 동시에 수도자는 안정된 내면의 정신을 지니고 초탈한 삶을 영위해야 하며, 이 과정은 덕이 결여되어서는 불가능하다.

과연 누가 '대장부'인가?

한편 『도덕경』은 이 장에서만 유일하게 대장부大丈夫라는 용어를 사용하고 있다. 대장부는 선비나 학자와 차원이 다른 '호방한' 인물을 상징한다. 그러한 대장부로서 갖춰야 할 덕목은 경박한 '박薄'과 화려한 '화華'를 넘어선 돈후한 '후厚'와 실질의 '실實'이다. 그리하여 노자가 주창하는 정치가 추구해야 할 덕목은 바로 경박함과 화려함이 아니라 돈후함과 실질이다.

39장 가장 커다란 명예는 명예가 없는 것이다

昔之得一者.
석 지 득 일 자

天得一以淸, 地得一以寧, 神得一以靈.
천 득 일 이 청 지 득 일 이 녕 신 득 일 이 령

谷得一以盈, 萬物得一以生, 侯王得一以爲正.
곡 득 일 이 영 만 물 득 일 이 생 후 왕 득 일 이 위 정

其致之也, 謂天無以淸, 將恐裂, 地無以寧, 將恐發,
기 치 지 야 위 천 무 이 청 장 공 렬 지 무 이 녕 장 공 발

神無以靈, 將恐歇.
신 무 이 령 장 공 헐

谷無以盈, 將恐竭, 萬物無以生, 將恐滅, 侯王無以貴
곡 무 이 영 장 공 갈 만 물 무 이 생 장 공 멸 후 왕 무 이 귀

高, 將恐蹶.
고 장 공 궐

故貴以賤爲本, 高以下爲基.
고 귀 이 천 위 본 고 이 하 위 기

是以侯王自謂孤, 寡, 不谷, 此非以賤爲本邪.
시 이 후 왕 자 위 고 과 불 곡 차 비 이 천 위 본 사

非乎?
비 호

故致譽無譽.
고 치 예 무 예

是故不欲琭琭如玉, 珞珞如石.
시 고 불 욕 록 록 여 옥　 락 락 여 석

예전에 모두 도道를 얻었다.

하늘은 도를 얻어 청명해졌고, 땅은 도를 얻어 안정되었으며, 신은 도를 얻어 영험하게 되었다.

골짜기는 도를 얻어 가득 차게 되었으며, 만물은 도를 얻어 생기를 얻게 되고, 왕후王侯는 도를 얻어 천하의 수령이 되었다.

이로 미루어 생각해보면, 하늘은 청명을 얻지 못하면 장차 붕괴될 것이고, 땅이 안정을 얻지 못하면 장차 무너질 것이며, 신이 영험함을 얻지 못하면 장차 사라지게 될 것이다.

골짜기는 가득 채움을 얻지 못하면 장차 고갈될 것이고, 만물이 생기를 얻지 못하면 장차 절멸될 것이며, 왕후가 수령의 자리를 얻지 못하면 장차 붕괴될 것이다.

그러므로 귀한 것은 천한 것으로써 근본을 삼고, 높은 것은 낮은 것으로써 기초를 삼는다. 그리하여 왕후는 자신을 고孤, 과寡, 불곡不穀이라 부르거니와, 이것은 바로 천한 것으로써 근본을 삼은 것이다.

그렇지 않은가?

가장 커다란 명예는 명예가 없는 것이다.

빛나는 구슬이 되려 하지 말고, 돌처럼 단단할 것이다.

—— 한자 풀이

一 일 도道를 의미한다.

得 득 '득도得道'의 의미이다.

正 정 '수령首領'의 뜻으로서 정正 대신 정貞으로 표기된 판본版本도 있다.

琭琭 록록 '구슬의 영롱함'을 형용하는 말이다.

珞珞 락락 '돌의 단단함'을 형용한다.

—— 깊이 보기

빛나는 구슬이 되려 하지 말라

이 글은 도道의 보편적 의의를 밝히고 있다. 천지 만물은 모두 '도'로부터 만들어졌으며, 그러므로 '도'가 결여되어서는 만물 모두 존재할 수 없음을 천명하고 있다. 이 글에서 노자는 모두 일곱 번에 걸쳐 '일一' 자를 사용하고 있다. 우주의 본원本源은 오직 하나[一]이고, 우주의 규율 역시 오직 하나[一]이다. 여기에서 노자는 우주 기원의 일원론과 물질론을 제기하고 있다. 자연의 만사만물에 대해서는 그것들이 상호 모순, 대립하는 것으로 인식하면서 최종적으로 통일되는 것으로 파악한다. 그리고 인류사회에 대해서는 유일한 '도'를 준칙으로 삼아야 함을 강조한다. 그 준칙이란 바로 "귀한 것은 천한 것으로써 근본을 삼고, 높은 것은 낮은 것으로써 기초를 삼는" 것이다.

'불곡不谷'은 '불곡不穀'과 동일한 의미로 사용된다. 본래의 뜻은 "과실을 맺지 못하다"는 의미로서 사람에 대하여 사용할 때는 "(덕이 부

족하여) 후대後代가 끊긴 사람"을 가리킨다. 그리하여 불곡不谷은 고孤나 과寡와 같은 범주로 사용되어 왔다. 고대시대의 왕후들은 스스로를 낮춰 '불곡不谷'이나 고孤, 혹은 과寡라고 칭하였다.

40장   세상의 만물은 유에서 나오고 유는 무에서 나온다

反者道之動, 弱者道之用.
반 자 도 지 동   약 자 도 지 용

天下萬物生於有, 有生於無.
천 하 만 물 생 어 유   유 생 어 무

순환반복의 변화는 도道의 운동이고, 유약함은 도의 방법이다.
세상의 만물은 유有에서 나오고, 유는 무無에서 나온다.

—— 한자 풀이

反 반 반返과 통하며, '순환반복'으로 해석한다.

—— 깊이 보기

유약함은 곧 도道의 방법이다

도는 천하 만물을 창조함에 있어 강제적인 방법이 아닌 '유약柔弱'의
방법에 의거한다. 즉, '유위有爲'의 방법이 아니라 '무위無爲'의 방법으

로써 행하는 것이다. 이 글에서 '반자反者'란 순환반복의 변화운동의 의미다. '반反'이란 '상반된 방향으로의 전화'라는 뜻으로서 '반返'과 통한다. '도'의 역할은 바로 부단히 그 자체로 돌아오는 것이다. 우주 만물에 오직 '도'만 존재하고, 도는 만물을 잉태하고 양육한다. 만물은 이 '도'로부터 결코 분리될 수 없다. 이것이 곧 '반返'이다. 그리하여 물극필반物極必反은 '반자도지동反者道之動'의 통속적인 표현이다. 역으로 생각하는 역발상의 사고방식, 이는 바로 이어지는 구절의 유무상통有無相通과 함께 노자 『도덕경』이 제시하는 바, 우주와 자연 그리고 인생을 관통하는 핵심적인 운행 논리 구조이자 그 진수이고 묘미다.

'도道'야말로 노자 『도덕경』의 가장 핵심적인 개념이다. 『도덕경』은 바로 '도'에 대한 논의의 출발점으로 하여 우주와 인생 문제의 모든 논술을 전개하고 있다. 노자 『도덕경』의 관점에서 살펴본다면, 현실세계의 갖가지 문제와 고난은 모두 '부자연不自然'으로부터 연유한다. 따라서 『도덕경』은 '자연'을 '도'가 반드시 시종 관철해야 할 최고의 원칙으로 제시한다.

그렇다면 엉클어진 이 '부자연'의 현실세계를 어떻게 '자연'의 참된 세계로 회복시킬 수 있는가? 이 지점에서 『도덕경』은 바로 '도'를 '반反'이라는, '자신의 생각을 집중하는' 방식으로 '자연'으로 돌리고자 하였다. 이렇게 하여 노자 『도덕경』의 가장 핵심적인 개념인 '도'는 노자의 철학이 우주와 인생 문제를 탐구하는 형이상학의 근거를 구성한다. 사유의 치열함이 엿보이는 대목이다. 여기에서 '자연'은 '도'가 관철해야 할 최고의 원칙으로서 노자 철학의 근본 취지를 보여준다.

41장   도는 숨어 있고 이름도 없다

上士聞道, 勤而行之.
상 사 문 도   근 이 행 지

中士聞道, 若存若亡.
중 사 문 도   약 존 약 망

下士聞道, 大笑之.
하 사 문 도   대 소 지

不笑, 不足以爲道.
불 소   부 족 이 위 도

故建言有之.
고 건 언 유 지

明道若昧, 進道若退, 夷道若纇, 上德若谷, 大白若辱,
명 도 약 매   진 도 약 퇴   이 도 약 뢰   상 덕 약 곡   대 백 약 욕

廣德若不足,
광 덕 약 부 족

建德若偸, 質眞若渝, 大方無隅, 大器晚成, 大音希聲,
건 덕 약 투   질 진 약 투   대 방 무 우   대 기 만 성   대 음 희 성

大象無形.
대 상 무 형

道隱無名.
도 은 무 명

夫唯道, 善貸且成.
부 유 도   선 대 차 성

상급의 선비는 좋은 도리道理를 들으면 곧 이를 준수하여 실행한다.

중급의 선비는 좋은 도리를 들으면 반신반의한다.

하급의 선비는 좋은 도리를 들으면 코웃음을 치며 한 마디로 그것을 부정한다.

비웃음을 당하지 않으면, 아직 도라고 칭해지기에 부족하다.

그러한 까닭에 예로부터 이러한 말이 있다.

밝은 도는 마치 어두운 듯하고, 앞으로 나아가는 도는 마치 물러가는 듯하며, 평탄한 도는 마치 구불구불한 듯하고 높다란 도는 마치 협곡인 듯하며, 가장 깨끗한 것은 마치 때가 낀 듯하고, 광대한 덕은 마치 부족한 듯하다.

강건한 덕은 마치 나태한 듯하고, 순박한 것은 마치 혼탁한 듯하다.

가장 큰 정방형에는 오히려 모서리가 없고, 큰 그릇은 늦게 완성된다.

진정으로 큰 소리는 소리가 없고 진정으로 큰 형상은 형체가 없다.

도는 숨어 있고 이름도 없다.

오로지 도만이 세상 만물을 도와 잘 자라게 한다.

—— 한자 풀이

夷 이 '평탄'의 의미이다.

纇 뢰 "구불구불하다.", "깊다."의 뜻이다.

偸 투 "나태하다."의 뜻이다.

渝 투 '혼탁함'을 의미한다.

善貸且成 선대차성 대貸는 "주다.", "돕다."의 의미로 해석한다.

────── 깊이 보기

진정으로 큰 형상은 형체가 없다

"비웃음을 당하지 않으면, 아직 도라고 칭해지기에 부족하다." 극적으로 표현된 역설이다. 그 이유는 바로 이어지는 그 다음 구절에 설명되어 있다. "도란 숨어 있고 이름도 없으며 구불구불하고 부족한 듯 보인다. 나태한 듯도 하고 혼탁한 듯 보인다." 그러므로 도道가 세상의 보통 사람에게 비웃음을 당하는 것은 당연한 일이다. 세속에서 비웃음을 당하지 않는다면 그 '도'라는 것은 반드시 무엇인가 잘못된 것이며, 그리하여 아직 도라고 칭해지기 부족하다고 한 것이다. 노자는 이 글에서 유형과 무형, 존재와 의식, 자연과 사회 등 여러 다양한 사물의 본질과 현상을 비유하면서 모순의 보편성을 논증하고 있다.

道生一.
도 생 일

一生二, 二生三, 三生萬物.
일 생 이   이 생 삼   삼 생 만 물

萬物負陰而抱陽, 沖氣以爲和.
만 물 부 음 이 포 양   충 기 이 위 화

人之所惡, 唯孤, 寡, 不谷. 而王公以爲稱.
인 지 소 오   유 고   과   불 곡   이 왕 공 이 위 칭

故物, 或損之而益, 或益之而損.
고 물   혹 손 지 이 익   혹 익 지 이 손

人之所敎, 我亦敎之.
인 지 소 교   아 역 교 지

强梁者, 不得其死.
강 량 자   부 득 기 사

吾將以爲敎父.
오 장 이 위 교 부

도道는 유일무이한 것이다.

일一, 하나는 음과 양을 낳는다. 음과 양은 서로 작용하고 결합하여
셋이 되고, 셋은 만물을 낳는다.

만물은 음을 지니고 양을 향하며, 음양이 융합되어 균형과 조화를 이룬다.

천하가 싫어하는 것은 고孤와 과寡와 불곡不穀인데, 왕이나 제후는 이것들을 자신의 호칭으로 쓴다.

그러므로 만물 중에서 덜어내지만 도리어 이익이 되기도 하고, 보태지만 도리어 손해가 되기도 한다.

다른 사람이 이렇게 나를 이끌어주고, 나 역시 이렇게 다른 사람을 이끌어준다.

강폭한 자는 죽어도 묻힐 곳이 없다.

나는 이 말을 가르침의 근본으로 삼겠다.

—— 한자 풀이

二 이 음기와 양기를 가리킨다. 본래 도란 음과 양의 두 기氣가 결합된 통일체이다.

三 삼 두 개의 대립된 것이 상호 결합하여 생성된 제3자를 가리킨다.

沖 충 "서로 융합하다."의 의미이다.

父 부 '본本'이나 '시始', 혹은 '규구規矩(표준)' 등으로 해석한다.

—— 깊이 보기

강폭한 자는 죽어도 묻힐 곳이 없다

이 장은 노자의 우주생성론을 밝힌 글이다. 노자에 의하면, 우주만물의 근원은 바로 도道이다. 또 도는 본원本源이자 실질이며 독립적이고 유일무이한 것이다. 일一, 이二, 삼三은 도가 만물을 창조하고 생성하는 과정을 표현하고 있다. '일一'은 곧 '도道'이고, 이 '도'로부터 음기와 양기로 이뤄진 이二가 형성되며, 다시 그 음기와 양기가 결합되어 제3자의 삼三이 생성되고, 그로부터 만물이 만들어진다는 것이다. 여기에서 다원론의 우주관은 이제 일원론의 우주관으로 발전되고 있다.

43장 '불언不言'의 가르침과 '무위'의 유익함을 알 수 있는 사람은 드물다

天下之至柔, 馳騁天下之至堅.
천 하 지 지 유　치 빙 천 하 지 지 견

無有入於無間.
무 유 입 어 무 간

吾是以知無爲之有益.
오 시 이 지 무 위 지 유 익

不言之敎, 無爲之益, 天下希及之.
불 언 지 교　무 위 지 익　천 하 희 급 지

천하에서 가장 유약한 것이 천하에서 가장 굳센 것을 뚫을 수 있다.

형태가 없는 것이 틈이 없는 곳에 들어갈 수 있다.

나는 이로써 '무위'의 유익함을 알 수 있다.

'불언不言'의 가르침과 '무위'의 유익함을 알 수 있는 사람은 너무나 적다.

—— 한자 풀이

無有 무유 '형태가 없는 것'을 말한다.

希 희 "거의 모든 사람이 알지 못하다."의 뜻으로 해석한다.

형태가 없는 것은 틈이 없는 곳도 들어갈 수 있다

사람들은 유약柔弱한 것을 단순히 약하고 볼품없다고만 생각한다. 노자는 바로 이 지점에서 범인凡人들의 평범한 생각들과 상이하다. 노자는 유약이야말로 천지만물이 생명력을 지니고 있음을 표현하는 것이며, 동시에 진정한 힘의 상징으로 인식한다. 그리하여 유약이란 '도道'의 기본적 표현이며 작용이다. 그에 의하면, 가장 유약한 것 자체에 사람들이 볼 수 없는 거대한 힘이 내재해 있으며, 그리하여 가장 강하고 굳센 것도 그 유약한 것에 결코 저항할 수 없다. 그러므로 유약의 대표적 상징으로서의 물은 가장 유약한 것이지만, 그것은 능히 산과 들과 땅을 관통하고 뚫는다. 노자는 '유약'이 지니는 그 강력한 힘의 원천이 바로 '무위無爲'에 있다고 다시금 천명한다.

44장 만족할 줄 알면 욕됨을 면하게 되고, 그칠 줄 알면 위험하지 않게 된다

名與身孰親?
명 여 신 숙 친

身與貨孰多?
신 여 화 숙 다

得與亡孰病?
득 여 망 숙 병

是故甚愛必大費, 多藏必厚亡.
시 고 심 애 필 대 비 다 장 필 후 망

知足不辱, 知止不殆.
지 족 불 욕 지 지 불 태

可以長久.
가 이 장 구

명예와 신체 중 무엇이 더 소중한가?

신체와 재물 중 무엇이 더 중요한가?

또 얻음과 잃음 중 어느 것이 더 나쁜가?

재물을 지나치게 아끼면 반드시 크게 소비하게 되고, 많이 쌓아두면 반드시 크게 망한다. 만족할 줄 알면 욕됨을 면하게 되고, 그칠 줄 알면 위험하지 않게 된다.

이렇게 하면 오래 살 수 있다.

得與亡孰病 득여망숙병 "얻음과 잃음 중 어느 것이 더 나쁜가?"로 해석하고, 그 앞
구절은 "명예와 신체 중 무엇이 더 소중한가? 신체와 재물 중 무엇이 더 중
요한가?"로 해석한다.

―― 깊이 보기

많이 쌓아두면 반드시 크게 망한다

지족불욕, 지지불태知足不辱, 知止不殆. 만족할 줄 알면 욕됨을 면하게 되
고 그칠 줄 알면 위험하지 않게 된다. 노자 처세론의 개괄이자 요체이
다. 어떠한 사물이든 그 발전에는 한계가 있다. 그 한계선을 넘게 되
면 곧 쇠락으로 접어들게 되고, 그 정도가 심해지면 곧 멸망에 이르게
된다. 사람들은 오직 다장多藏, 많이 얻어 많이 쌓아두려 한다. 그러나
그것은 거꾸로 크게 망하는 길이다. 이는 비단 물질적 측면만 적용되
는 진리가 아니다. 정신적 측면, 이를테면 명예욕이나 욕망 역시 그러
하다.

45장　가장 뛰어난 웅변은 어눌한 것처럼 보인다

大成若缺, 其用不弊.
대 성 약 결　기 용 불 폐

大盈若沖, 其用不窮.
대 영 약 충　기 용 불 궁

大直若屈, 大巧若拙, 大辯若訥.
대 직 약 굴　대 교 약 졸　대 변 약 눌

靜勝躁, 寒勝熱.
정 승 조　한 승 열

淸靜爲天下正.
청 정 위 천 하 정

　가장 완전한 것은 결핍된 듯 보인다. 그러나 그 쓰임은 끊어짐이 없다.

　가장 충만한 것은 비어있는 듯 보인다. 하지만 그 쓰임은 다함이 없다.

　가장 곧은 것은 굽은 것처럼 보이고, 가장 교묘한 것은 서투른 것 같으며, 가장 뛰어난 웅변은 어눌한 것처럼 보인다.

　청정함은 소란함을 이겨내며, 한기寒氣는 열熱을 이긴다.[17]

17　이 부분을 躁勝寒, 靜勝熱로 표기한 판본도 있다.

청정무위로써 비로소 천하를 다스릴 수 있다.

沖 충 '공허空虛'의 뜻이다.
躁 조 '소란'으로 해석한다.
正 정 정政과 통한다.

────── 깊이 보기

외형外形과 내재內在 사이에서

이 글은 참다운 인격이란 무엇인가를 다루고 있다. 외견상 나타나는
상황이란 때때로 실제 상황과 완전히 상반된다. 여기에서 '대성大成',
'대영大盈'은 본질이자 인격을 가리키며, '약결若缺'과 '약충若沖', '약굴
若屈' 그리고 '약눌若訥'은 외부로 표현된 현상을 상징한다. 그리하여
노자는 완전한 인격이란 외형상 표현된 형태로 나타나는 것이 아니라
바로 내재된 본질로부터 나온다는 사실을 힘주어 다시 역설한다.

46장   욕심을 부리는 것보다 큰 불행은 없고, 탐욕을 부리는 것보다 큰 과실은 없다

天下有道, 却走馬以糞.
천 하 유 도   각 주 마 이 분

天下無道, 戎馬生於郊.
천 하 무 도   융 마 생 어 교

禍莫大於不知足, 咎莫大於欲得.
화 막 대 어 부 지 족   구 막 대 어 욕 득

故知足之足, 常足矣.
고 지 족 지 족   상 족 의

천하에 도가 있으면, 말을 멈추게 하여 그 말똥으로 밭을 비옥하게 한다.

그러나 천하에 도가 없으면 전마戰馬가 전쟁터에서 태어나게 된다.

욕심을 부리는 것보다 더 큰 불행은 없고, 탐욕을 부리는 것보다 큰 과실은 없다.

그러므로 지족하는 사람은 영원히 만족한다.

—— 한자 풀이

却 각 "(말을) 멈추게 하다."의 뜻이다.

糞 분 '말똥'으로 해석한다.

郊 교 교외의 '전쟁터'로 해석한다.

────── 깊이 보기

지족知足하는 자는 영원히 만족한다

이 글에서도 노자의 반전사상이 잘 나타나고 있다. 노자는 참혹한 전쟁이 발생하는 주요한 요인을 통치자의 지나친 탐욕이라고 지적하고 있다. 그리고 그 해결 방안으로 지족知足을 제시하고 있다. 구막대어욕득, 화막대어부지족咎莫大於欲得, 禍莫大於不知足. "욕심을 부리는 것보다 더 큰 불행은 없고, 탐욕을 부리는 것보다 큰 과실은 없다." 탐욕으로 가득 찬 위정자에게 던지는 노자의 경고이자 강렬한 항의이다.

이제까지 '주마走馬'는 전마戰馬로 해석되어왔고 '분糞'은 경작耕作으로 해석되어왔다. 즉, "전마를 밭가는 데 썼다."로 해석한 것이다. 그러나 전국시대 전답의 경작은 주로 사람이 끄는 쟁기를 이용하는 경작이었고 아직 가축에 의한 경작방식은 존재하지 않았었다. 당시 밭에 비료를 주는 방식으로는 사람이나 동물의 배설물, 분변糞便을 이용하는 것이 가장 효과적이었다. 그러므로 말의 배설물 역시 매우 좋은 비료였다. 따라서 주마이분走馬以糞 구절의 분糞은 '말똥'으로 보아 "말로 하여금 밭에 비료를 주게 한다.", 더 구체적으로는 "말로 하여금 그 말똥으로 밭에 비료를 주게 한다."로 해석하는 것이 타당하다. 한편 각주마이분却走馬以糞의 '각却'에 대해서는 이제까지 그 의미를 부여하지도 않고 별도로 해석하지도 않았다. 그런데 말은 멈추어야 비로소 배설한다. 이 점을 연결하여 생각해보면 여기에서 각却을 '멈추게 하다'의 의미로 해석하는 것이 가장 타당하다고 판단된다. 이렇게 하여 각주마이분却走馬以糞 구절은 "말을 멈추게 하여 그 말똥으로 밭을 비옥하게 한다."로 해석한다.

천하에 도道가 있다면 전쟁도 없고 그리하여 말도 농사에 요긴하게 이용할 수 있어 태평세대를 구가할 수 있다. 그러나 도가 없다면 전쟁이 초래되어 말도 전쟁터에서 새끼를 낳게 되어 결국 새끼도 죽고 필연적으로 사람도 죽어가고 결국 나라도 망해간다는 사실을 말해주고 있다. 이렇듯 우리의 삶과 가장 구체적이고 가까운, 그리하여 가장 소박한 사례를 들어 비유하는 방식은 『도덕경』이 보여주는 중요한 특징 중 하나이다.

47장   집 밖을 나가지 않고도 세상의 모든 것을 안다

不出戶, 知天下.
불 출 호   지 천 하

不窺牖, 見天道.
불 규 유   견 천 도

其出彌遠, 其知彌少.
기 출 미 원   기 지 미 소

是以聖人不行而知, 不見而名, 不爲而成.
시 이 성 인 불 행 이 지   불 견 이 명   불 위 이 성

집 밖을 나가지 않고도 세상의 모든 것을 안다.

창밖을 내다보지 않고도 하늘의 도를 본다.

멀리 나가면 나갈수록 알게 되는 것은 더욱 적어진다.

그러므로 성인은 가지 않고도 알고, 보지 않고도 이름 지으며, 가
만히 있어도 모든 일을 안다.

—— 한자 풀이

窺牖 규유 규窺는 "조그만 틈으로 보다."의 의미이고, 유牖는 '창문'을 뜻한다.

彌 미 '더욱', '~할수록'으로 해석한다.

不爲而成 불위이성 "가만히 있어도 모든 일을 안다."로 해석한다.

———— 깊이 보기

멀리 나갈수록 도리어 더욱 알지 못한다

노자의 인식론을 밝힌 글이다. 노자는 단순히 외부적인 감각 경험에 의존해서는 사물의 본질을 충분히 인식할 수 없으며, 따라서 사물의 전체를 파악할 수 없다고 천명한다. 그것은 도리어 사람들을 혼란시킬 뿐이다. "멀리 나가면 나갈수록 알게 되는 것은 더욱 적어진다." 역설이고, 역시 함축적인 진실을 담고 있다. 그러므로 사물에 대한 인식은 오직 내재하는 자성自省과 자기 수양이 있을 때만이 가능하다. 그렇게 될 때 비로소 천하 만물의 변화와 발전 그리고 규율, 즉 천도天道를 깨닫게 될 수 있다.

48장　학문을 하는 자는 갈수록 꾸미려는 욕심이 늘어난다

爲學日益.
위 학 일 익

爲道日損.
위 도 일 손

損之又損. 以至於無爲.
손 지 우 손　이 지 어 무 위

無爲而無不爲?
무 위 이 무 불 위

取天下, 常以無事.
취 천 하　상 이 무 사

及其有事, 不足以取天下.
급 기 유 사　부 족 이 취 천 하

　학문을 하는 자는 갈수록 욕심과 꾸밈이 늘어난다.

　도를 구하는 자는 갈수록 욕심과 꾸밈이 줄어든다.

　줄어들고 또 줄어들어 마침내 무위의 경지에 이른다.

　이렇게 자연의 규율에 맡기는데, 이루지 못할 것이 무엇인가?

　천하를 다스리는 자는 일을 만들어 백성을 괴롭히는 일을 하지 않음을 그 근본으로 삼아야 한다.

　만약 일을 벌여 백성을 번거롭게 괴롭힌다면, 그것은 천하를 다스리는 데 부합하지 못한다.

日益 일익 "욕심과 꾸밈, 수식修飾이 갈수록 증가하다."의 뜻이다.
及其有事 급기유사 "만약 일을 벌여 백성을 수고스럽게 만든다면"으로 해석한다.

—— 깊이 보기

도를 구하는 자는 갈수록 욕심과 꾸밈이 줄어든다

거짓 학문, '위학偽學'과 거짓의 도, '위도偽道'를 논하는 글이다. 여기에서 말하는 학문이란 바로 정교예악政教禮樂이다. 노자는 그러한 학문이 결국 사욕을 초래하고 백성을 괴롭히는 근원이라고 말한다. 그리하여 학문 대신 도를 추구하여 사욕과 겉치레를 없앰으로써 청정무위의 경지에 이를 것을 권고한다. 그리고 그러한 무위의 정치에 의하여 비로소 세상이 태평해질 것이라고 천명한다.

인위人爲와 자기과시 그리고 '남에게 보이기 위한', 꾸밈에 바탕을 둔 지식의 폐단을 일관되게 지적하는 이러한 노자의 관점에서는 일견 유심주의의 경향도 보인다. 다만 여기에서 '무위'란 소극적인 부작위不作爲의 의미가 아니라 오히려 일을 벌여 백성을 수고스럽게 만들고 괴롭히는 정치를 하지 않는다는 긍정적인 그리고 적극적인 의미로 해석된다.

49장 성인은 영원히 사심이 없고, 백성의 마음을 자신의 마음으로 삼는다

聖人無常心[18], 以百姓心爲心.
성 인 부 상 심　　이 백 싱 심 위 심

善者吾善之, 不善者吾亦善之, 德善.
선 자 오 선 지　　불 선 자 오 역 선 지　　덕 선

信者吾信之, 不信者吾亦信之, 德信.
신 자 오 신 자　　불 신 자 오 역 신 지　　덕 신

聖人在天下, 歙歙焉, 爲天下渾其心.
성 인 재 천 하　　흡 흡 언　　위 천 하 혼 기 심

百姓皆注其耳目.
백 성 개 주 기 이 목

聖人皆孩之.
성 인 개 해 지

　성인은 영원히 사심이 없고, 다만 백성의 마음을 자신의 마음으로
삼는다.

　선한 사람은 나도 선하게 대한다. 선하지 못한 사람에게도 나는 선
하게 대한다. 이렇게 하여 천하의 모든 것이 선해진다.

18　마왕퇴馬王堆에서 출토된 백서帛書 노자老子에는 이 부분이 성인항무심聖人恒無心으로
되어있다.

신의가 있는 사람에게 나도 신의로 대한다. 신의가 없는 사람에게도 나는 신의로 대한다. 이렇게 하여 천하의 모든 것이 신의가 있게 된다.

성인은 자신의 임무를 수행함에 욕심을 버리고 신중하게 행하니, 천하의 모든 만물이 소박함으로 돌아온다.

백성들도 모두 자신의 눈과 귀에만 충실해진다.

성인은 백성들을 모두 어린아이와 같이 순박하게 한다.

—— 한자 풀이

無常心 무상심 "영원히 사심이 없다."로 해석한다.

歙 흡 "신중하다."의 뜻이다.

渾 혼 '질박質朴'의 뜻으로서 곧 '도道'를 의미한다.

—— 깊이 보기

모든 만물이 소박함으로 돌아온다

이 장에서는 노자의 정치사상이 기술되고 있다. 노자는 "도의 원칙에 의하여 무위의 정치가 행해지는" 그의 이상적 정치사상 실천의 희망을 '성인'에게 위탁하여 기대한다. 성인은 사사로운 개인적 욕심이 없고, 백성들의 마음으로써 자신의 마음으로 삼는다. 또한 사람들로 하여금 신의를 갖도록 하고 선하게 한다. 그러한 정치를 행하게 되면,

"백성들도 모두 자신의 눈과 귀에만 충실해지기 때문에" 인위와 작위의 정치가 아닌 자연과 무위의 정치가 이루어진다. 그리하여 정치는 모두 자연에 부합되며 어린아이처럼 순박해진다.

50장　사람들은 스스로 사지死地에 뛰어든다

出生入死.
출 생 입 사

生之徒十有三, 死之徒十有三.
생 지 도 십 유 삼　사 지 도 십 유 삼

人之生, 動之死地, 亦十有三.
인 지 생　동 지 사 지　역 십 유 삼

夫何故?
부 하 고

以其生生之厚.
이 기 생 생 지 후

蓋聞善攝生者, 陸行不遇兕虎, 入軍不被甲兵.
개 문 선 섭 생 자　육 행 불 우 시 호　입 군 불 피 갑 병

無所投其角, 虎無所措其爪, 兵無所容其刃.
무 소 투 기 각　호 무 소 척 기 조　병 무 소 용 기 인

夫何故?
부 하 고

以其無死地.
이 기 무 사 지

사람은 모두 태어나서 죽음에 이르게 된다.

생존의 요소는 3분의 1이고, 죽음의 요소도 3분의 1이다.

살아감에 있어 사람들은 스스로 사지死地에 뛰어든다. 이 역시 3분의 1을 점한다.

이것은 무슨 까닭인가?

살고자 하는 마음이 지나치기 때문이다.

들은 바에 의하면, 섭생[19]을 잘하는 사람은 육시에서 들소나 호랑이를 만나지 않게 되고 군대에 들어가서도 적과 싸우지 않는 장소에서 일을 하게 된다.

그러한 사람은 들소가 뿔로 받을 곳이 없고 범이 발톱으로 할퀼 곳이 없고 무기가 파고 들 틈새가 없다.

그것은 무슨 까닭인가?

그에게는 죽을 장소가 없기 때문이다.

—— 한자 풀이

兕虎 시호 '들소나 호랑이'로서 맹수를 뜻한다.

甲兵 갑병 갑옷을 입고 무기를 든 병사를 의미한다.

19 　섭생攝生: 양생養生.

그에게는 죽을 장소가 없다

이 장은 양생지도養生之道를 논하는 글이다. 여기에서 '도徒'는 "소속所屬의 요소"라는 의미이다. 그리하여 '생지도生之徒'는 '생존의 요소', '사지도死之徒'는 '죽음의 요소'로 해석된다. 또 '十有三십유삼'은 "열에 셋"으로 3분의 1을 의미한다. 노자는 생명이란 자연으로부터 오는 것으로서 생존의 요소와 죽음의 요소는 균형의 상태이며 각각 3분의 1의 비중을 점한다고 말한다. 나머지 3분의 1은 인간 자신의 요소가 된다. 후반 "인지생, 동지사지, 역십유삼人之生, 動之死地, 亦十有三"의 뜻은 "살아감에 있어 사람들은 스스로 사지에 뛰어든다. 이 역시 3분의 1을 점한다."이다. 이 3분의 1은 바로 섭생攝生의 좋고 나쁨에 의하여 결정된다. 섭생을 잘하는 자는 무사지無死地, '죽음의 위험이 없으나', 섭생을 잘하지 못한 자는 동개지사지動皆之死地, '모두 사지에 처한다'는 것이다. 이렇게 하여 노자는 객관적인 생사의 요소와 그 역할을 배제하지 않으면서도 동시에 인간의 주관적 요소와 그 역할에 충분히 주목하고 있다. 이러한 그의 관점은 유가의 '사생유명死生有命', "생사는 운명이다"(『논어』·「안연」)라는 시각과 뚜렷한 차이를 보여준다.

흔히 도교사상이라 하면 곧 '양생養生'을 연상시키게 된다. 그러나 사실 노자 자신은 양생과 그다지 큰 관련이 없었다. 노자의 사상을 양생법으로 연결시킨 데에는 양주楊朱라는 도교 사상가의 영향이 크다고 할 수 있다. 양주는 노자보다 100여 년 후 전국시대 위나라에서 태어난 인물로서 노자의 사상을 연구, 계승하였으며, 특히 자기 자신을 중시하는 '귀기貴己'와 생명을 중시하는 '중생重生'의 개념을 정립하였다. 이는 권력 쟁투의 극심한 정치혼란과 빈번한 전란으로 권귀權貴들은 사치와 호화를 누리는 반면, 백성들의 목숨은 경시되는 당시의 사회 풍조를 비판하면서 그러한 상황에서 무엇보다도 자신과 생명이 가장 중요하다는 점을 강조한 사상이다. 즉, 명예나 지위, 부를 부러워하지 말고, 권위나 이익 그리고 귀신을 두려워하지 말고 자연에 순응하며 자신이 자신의 운명의 주인이 되어야 한다는 것이었다. 그리하여 향락주의나 이기주의의 차원이 아닌 욕망에 대한 절제와 이성적 사고를 지향하였다.

51장　만물을 이끌지만 군림하지 않는다

道生之, 德畜之.
도 생 지　덕 휵 지

物形之, 勢成之.
물 형 지　세 성 지

是以萬物莫不存道而貴德.
시 이 만 물 막 부 존 도 이 귀 덕

道之尊, 德之貴, 夫莫之命而常自然.
도 지 존　덕 지 귀　부 막 지 명 이 상 자 연

故道生之, 德畜之, 長之育之, 亭之毒之, 養之覆之.
고 도 생 지　덕 휵 지　장 지 육 지　정 지 독 지　양 지 복 지

生而不有, 爲而不恃, 長而不宰.
생 이 불 유　위 이 불 시　장 이 부 재

是謂玄德.
시 위 현 덕

　도는 만사만물萬事萬物을 만들고, 덕은 만사만물을 양육한다.
　만사만물은 비록 갖가지 형태로 나타나지만 환경이 그것들을 성
장시킨다.
　그러한 까닭에 만사만물은 도를 존중하지 않는 것이 없고 덕을 귀
하게 여기지 않는 것이 없다.

도가 존중받는 이유와 덕이 진귀한 이유는 간섭이 없이 자연에 따르기 때문이다.

그러므로 도에 의하여 창조되고, 덕으로 성장·발육시키고, 숙성하여 과실을 맺으며 보살펴 유지한다.

만물을 낳았지만 소유하지 않고, 만물을 키웠지만 이를 드러내 자랑하지 않으며, 만물을 이끌지만 군림하지 않는다.

이것이 곧 현덕이다.

—— 한자 풀이

勢 세 만사만물이 생장하는 '자연환경'을 말한다.

亭之毒之 정지독지 정亭은 '성成'으로 읽고, 독毒은 '숙熟'으로 읽는다(『老子正詁』). 성지숙지成之熟之로 표기된 판본도 있다.

覆 복 "보호하다."의 의미로 해석한다.

—— 깊이 보기

덕이 진귀한 이유

이 글에서 밝히고자 하는 바는 덕德의 역할이다. 덕이란 곧 도의 화신化身이며, 인간세상에서의 도의 구체적 작용이다. 도는 만물을 낳고, 덕은 만물을 키우지만 단지 자연에 맡기고 간섭하지 않는다. 또한 만물을 주재하거나 점유 혹은 군림하지 않는다. 그리하여 만물의 생장,

발육, 번성은 모두 철저하게 자연의 규율에 의거하여 운행된다. 이는 인류사회에 도가 작용할 때 체현되는 덕德 특유의 정신이다. 한편 노자가 만물을 주재하는 신의 존재를 부정했다는 점에서 무신론의 입장이라는 사실을 바로 이 글이 분명하게 보여주고 있다.

52장 미세한 것으로부터 사물의 도리를 아는 것을 명明이라 한다

天下有始.
천 하 유 시

以爲天下母.
이 위 천 하 모

旣得其母, 以知其子.
기 득 기 모   이 지 기 자

復守其母, 沒身不殆.
복 수 기 모   몰 신 불 태

塞其兌, 閉其門, 終身不勤.
색 기 태   폐 기 문   종 신 부 근

開其兌, 濟其事, 終身不救.
개 기 태   제 기 사   종 신 불 구

見小曰明, 守柔曰强.
견 소 왈 명   수 유 왈 강

用其光, 復歸其明, 無遺身殃.
용 기 광   복 귀 기 명   무 유 신 앙

是爲習常.
시 위 습 상

천하에 시초가 있다.

시초는 천하 만물의 어머니, 근원이다.

그 어머니를 알면 그 자식을 알 수 있다.

자식으로서 그 어머니로 돌아가 지키면 종신토록 위태롭지 않다.

욕심의 이목구비를 막고 욕망의 이목구비를 닫으면 종신토록 번거롭지 않다.

이목구비를 열고 번거로움을 더하면 종신토록 구제되지 못한다.

미세한 것으로부터 사물의 도리를 아는 것을 명明이라 하고, 유약한 것을 지키는 것을 강强이라 한다.

그 빛을 운용하여 내재하는 밝음으로 돌아간다면 재앙이 따르지 않는다.

이것을 일컬어 만세불절萬世不絶의 상도常道라 한다.

—— 한자 풀이

始 시 '도道'를 뜻한다.

母 모 '근원'의 뜻으로서 역시 '도'를 의미한다.

子 자 '파생물'의 의미로서 어머니로부터 파생된 '천하 만물'을 뜻한다.

習常 습상 "만세불절萬世不絶의 상도常道"로 해석한다.

'지모知母, 지자知子', 그 어머니를 알면 그 자식을 알 수 있다

이 글은 철학적인 차원의 인식론 문제를 다루고 있다. 천하 만사만물의 생장과 발육은 하나의 근원을 지닌다. 그러므로 마땅히 만물 중 그 근원을 찾아냄으로써 원칙을 구명해야 한다. 그런데 인간의 만물에 대한 인식은 결코 그 근원으로부터 벗어날 수 없다. 이 인식 활동 중 욕심의 장벽을 제거해야만 비로소 사물의 본질과 규율을 구명할 수 있다. 이 글을 출전出典으로 하는 '지모知母, 지자知子'의 관점은 노자 철학사상의 정화精華 중 하나로 손꼽힌다. 즉, '지모知母, 지자知子'의 논리는 도와 만물의 추상적 개념의 관계를 모母와 자子라는 구체적 사실의 관계에 의하여 입증하려는 인식방법론이다. 모母는 근원으로서 도道를 의미하고, 자子는 파생물로서 천하 만물을 뜻한다. 그리고 모母와 자子는 이론과 실제, 추상적 사유와 감성적 인식, 본本과 말末 등의 관계를 칭하는 대명사이다.

53장 큰 길은 평탄하건만, 군주는 지름길의 좁은 길을 좋아한다

使我介然有知, 行於大道, 唯施是畏.
사 아 개 연 유 지 행 어 대 도 유 시 시 외

大道甚夷, 而人好徑.
대 도 심 이 이 인 호 경

朝甚除, 田甚蕪.
조 심 제 전 심 무

倉甚虛, 服文綵, 帶利劍, 厭飮食, 財貨有餘.
창 심 허 복 문 채 대 리 검 염 음 식 재 화 유 여

是謂道竽.
시 위 도 우

非道也哉!
비 도 야 재

　나에게 아주 작은 지혜가 있어 큰 길을 걸을 때, 유일한 두려움은 단지 길을 잘못 가지 않을까 하는 것이다.
　큰 길은 평탄하건만, 군주는 지름길의 좁은 길을 좋아한다.
　조정의 부패는 이미 극심하고 논밭은 황폐하다.
　창고는 비어 있지만, 군주의 의복은 화려하고 차고 있는 칼은 예리하다. 진수성찬도 넘쳐 싫어할 정도이고, 재물은 남아 돌 정도이다.
　이를 일러 도둑의 수괴라 한다.

그야말로 도가 아니다!

────── 한자 풀이

介 개 '미소微少', "매우 적다."는 의미이다.
施 시 사邪, "길을 잘못 가다."의 뜻으로 해석한다.
人 인 '인군人君', 즉 '군주'를 뜻한다.
朝甚除 조심제 "조정의 부패가 극심하다."로 해석한다.
竽 우 '우두머리'라는 의미이다.

────── 깊이 보기

도둑의 수괴

이 글은 당시 사회에 대한 노자의 날카로운 비판과 함께 압제자에 대한 분노가 치열하게 드러나는 글이다. 동시에 고통에 시달리는 백성들에 대한 노자의 진지한 동정 역시 한 글자 한 글자마다 배어나오고 있다. 백성을 압박하고 수탈하는 위정자는 반드시 붕괴된다는 신념이다. 이러한 노자의 사상은 그대로 장자莊子에게도 계승되었다. 장자는 "허리띠를 훔친 자는 사형에 처해지지만, 나라를 훔친 자는 제왕이 된다."고 신랄하게 풍자하였다.

54장 수양이 이뤄진 몸은 그 덕이 참되다

善建者不拔, 善抱者不脫.
선 건 자 불 발 선 포 자 불 탈

子孫以祭祀不輟.
자 손 이 제 사 불 철

修之於身, 其德乃眞, 修之於家, 其德乃餘, 修之於鄕,
수 지 어 신 기 덕 내 진 수 지 어 가 기 덕 내 여 수 지 어 향

其德乃長.
기 덕 내 장

修之於國, 其德乃豊, 修之於天下, 其德乃普.
수 지 어 국 기 덕 내 풍 수 지 어 천 하 기 덕 내 보

故以身觀身, 以家觀家, 以鄕觀鄕, 以國觀國[20], 以天下
고 이 신 관 신 이 가 관 가 이 향 관 향 이 국 관 국 이 천 하

觀天下.
관 천 하

吾何以知天下然哉? 以此.
오 하 이 지 천 하 연 재 이 차

---

20 國 대신 邦으로 표기된 판본도 있다.

잘 세운 것은 뽑히지 아니하고, 잘 포용한 것은 벗어나는 것이 없다.

그러한 집에는 자손 대대로 제사가 끊이지 않는다.

잘 닦여진 사람은 그 덕이 참되고, 잘 정돈된 집은 그 덕이 남음이 있으며, 잘 정돈된 고을은 그 덕이 멀리 뻗어나간다.

잘 정돈된 나라는 그 덕이 풍요롭고, 수양이 이뤄진 천하는 그 덕이 널리 전해진다.

그러므로 나 자신으로 다른 사람을 관찰하고 나의 가정으로 다른 가정을 관찰하며, 나의 고을로 다른 고을을 관찰하고, 나의 국가로 다른 국가를 관찰하며, 나의 천하로 다른 천하를 관찰한다.

내가 어떻게 천하를 알 수 있겠는가? 바로 이러한 방법과 원칙 때문이다.

—— 한자 풀이

建 건 입立, "세우다."로 해석한다.

抱 포 "포용하다."의 뜻이다.

輟 철 "단절하다."의 뜻을 가졌다.

—— 깊이 보기

잘 세운 것은 뽑히지 않는다

『도덕경』은 인간이 살아가는 삶을 둘러싼 구체적인 사례로써 이치를 설명하는 특징을 지닌다. 그리하여 이 장에서도 앞의 문장 해석에서 도덕규범을 만들거나 준수하는 그러한 추상적인 해석보다는 집 등을 짓고, 가족을 잘 포용하고 이끌어나가는 것, 심지어 말똥을 언급하는 등 가장 구체적이며 우리 삶 주변의 가장 가까운 사례를 들어 설명하였다.

이 글에 나오는 이신관신以身觀身, 이가관가以家觀家, 이향관향以鄉觀鄉, 이국관국以國觀國, 이천하관천하以天下觀天下의 구절은 유교의 『대학大學』에 나오는 격물格物, 치지致知, 성의誠意, 정심正心, 수신修身, 제가齊家, 치국治國, 평천하平天下의 이른바 '8조목八條目'을 연상시킨다. 그런데 수신修身의 개념과 관련하여 유가와 도가에서 가리키는 내용은 동일하지 않지만, 그렇다고 하여 완전히 상이하지도 않다.

유가와 도가는 모두 수신修身이 입신처세立身處世의 토대라는 점에 동의한다. 다만 도가의 경우, 수신이란 어디까지나 도와 자연에 자신을 부합시키려는 노력으로서 이른바 '위가爲家'와 '위국爲國' 역시 수신의 자연스러운 발전으로 파악한다. 이에 비하여 유가는 수신을 치국평천하를 위한 목적의식적인 과정으로 인식하는 경향이 강한 것으로 평가될 수 있다.

55장 도에 어긋나는 것은 곧 죽는다

含德之厚, 比於赤子.
함 덕 지 후   비 어 적 자

蜂蠆虺蛇不螫, 猛獸不據, 攫鳥不搏.
봉 채 훼 사 불 석   맹 수 불 거   확 조 불 박

骨弱筋柔而握固.
골 약 근 유 이 악 고

未知牝牡之合而全作[21], 精之至也.
미 지 빈 모 지 합 이 전 작   정 지 지 야

終日號而不嗄, 和之至也.
종 일 호 이 불 사   화 지 지 야

知和曰常, 知常曰明, 益生曰祥, 心使氣曰强.
지 화 왈 상   지 상 왈 명   익 생 왈 상   심 사 기 왈 강

物壯則老.
물 장 즉 로

謂之不道.
위 지 부 도

不道早已.
부 도 조 이

두터운 덕을 갖춘 자는 마치 갓난아이와 같다.

벌도 전갈도 쏘지 않고, 뱀도 물지 않고, 맹수도 덤벼들지 않으며, 사나운 새도 덮치지 않는다.

뼈가 약하고 근육이 부드럽지만 쥐는 힘은 강하다. 음양의 교합에 대해서는 아직 모르지만 언제나 왕성하다. 정기가 충만하기 때문이다.

종일토록 울어도 목이 쉬지 않는다. 조화로움이 최고조에 이르렀기 때문이다.

조화로움을 아는 것을 '상常'(영원함)이라 하고, '상常'을 아는 것을 '명明'(밝음)이라 하며, 생명에 유익한 것을 '상祥'(상서로움)이라 한다. 그리고 마음대로 기氣를 부리는 것을 '강强'(굳셈)이라 한다.

만물은 지나치게 성해지면 곧 쇠퇴한다.

이것을 가리켜 도에 어긋나는 것이라 한다.

도에 어긋나는 것은 곧 죽는다.

—— 한자 풀이

蜂蠆虺蛇 봉채훼사 '독충'을 가리킨다.

---

21 전작全作을 최작朘作으로 표기한 판본도 있다. 이때 최朘는 남자아이의 생식기를 지칭하여 최작朘作은 "남자아이의 생식기는 발기되어 있다."로 해석한다.

덕을 갖춘 자는 마치 갓난아이와 같다

중국인들은 "화위귀和爲貴, 조화를 이루는 것, 혹은 화해를 하는 것을 상책으로 삼는다."는 말을 매우 소중하게 여긴다. 그 만큼 중국인들이 일상생활에서 조화로움과 화해를 중시한다는 반증이다. 이 글은 그러한 조화, 화和를 다루고 있다. 특히 "지화왈상知和曰常"은 중요한 의미를 지닌다. 즉, "조화를 사물의 상태常態, 일상적 형태로 삼는다."는 함의를 가지고 있는 말이다. 그리하여 이 글은 어떻게 조화를 일상적 상태로 유지할 수 있을 것인가를 여러 비유를 들어 설명하고 있다.

『도덕경』에는 '갓난아이', '어린아이'라는 비유를 많이 사용하고 있다. '갓난아이' 혹은 '어린아이'란 속세의 때가 묻지 않은 순수함과 소박함, 시초 그리고 유약함을 상징한다.

56장   아는 자는 말하지 않고, 말하는 자는 알지 못한다

知者不言, 言者不知.
지 자 불 언   언 자 부 지

挫其銳, 解其紛, 和其光, 同其塵.
좌 기 예   해 기 분   화 기 광   동 기 진

是謂玄同.
시 위 현 동

故不可得而親, 不可得而疏, 不可得而利, 不可得而害,
고 불 가 득 이 친   불 가 득 이 소   불 가 득 이 리   불 가 득 이 해

不可得而貴, 不可得而賤.
불 가 득 이 귀   불 가 득 이 천

故爲天下貴.
고 위 천 하 귀

아는 자는 말하지 않고 말하는 자는 알지 못한다.

날카로움을 무디게 하여 둥글게 하고, 분란을 화해시키며 빛을 부드럽게 하고 속세와 함께 한다.

이를 일러 심오한 현동玄同, 즉 '도'라 한다.

그러므로 친하게 할 수 없고, 소원하게 할 수 없으며, 이익을 줄 수 없고, 해를 줄 수도 없다. 또 귀하게 대접할 수 없고, 천대할 수도

없다.[22]

　　그러므로 천하 사람들의 존중을 받게 된다.

—— 한자 풀이

挫其銳 좌기예 "날카로움을 무디게 하여 둥글게 하나."로 해석한다.

和其光 화기광 "빛, 광채를 부드럽게 하다."의 뜻으로 해석한다.

同其塵 동기진 진塵은 '홍진紅塵', 즉 '속세'를 의미한다.

玄同 현동 '현묘제동玄妙齊同', 여기서는 곧 도道를 의미한다.

—— 깊이 보기

날카로움을 무디게 하고, 빛을 부드럽게 하다

노자는 이 글에서 지혜로운 자, 지자智者가 어떠한 방법을 통하여 수양해야 하는가의 방법과 그 효과를 설명하고 있다. 날카로운 것은 쉽게 부러지고 장구할 수 없다. 마땅히 날카로운 곳을 갈아서 부드럽게 만들어야 비로소 부러지지 않는다. 자신의 견해만이 옳다고 주장하는 것 역시 오래갈 수 없다. 더구나 다른 사람에게 강요해서는 더욱 안 된다. 그것은 기껏해야 한쪽 방면, 즉 편면片面에 불과하기 때문이

22　이 구절은 "도의 경지에 이른 사람은 친소親疏나 이익 그리고 귀천이라는 세속의 범주를 넘어선다."는 의미이다.

다. 마땅히 사물의 양면을 모두 알아야 한다. 그러므로 지혜로운 자는 공리공론을 가르칠 것이 아니라 어디까지나 자아 수양에 힘써야 한다. 그리고 대범하고 관대하며, 능히 속세와 함께 하면서도 사심을 버리고 분란을 피해야 한다. 그렇게 될 때 마침내 사람들의 존중을 받게 된다.

57장 무위로 나라를 다스리다

以正治國, 以奇用兵, 以無事取天下.
이 성 치 국   이 기 용 병   이 무 사 취 천 하

吾何以知其然哉? 以此.
오 하 이 지 기 연 재   이 차

天下多忌諱, 而民彌貧, 民多利器, 國家滋昏.
천 하 다 기 휘   이 민 미 빈   민 다 리 기   국 가 자 혼

人多伎巧, 奇物滋起.
인 다 기 교   기 물 자 기

法令滋彰, 盜賊多有.
법 령 자 창   도 적 다 유

故聖人云.
고 성 인 운

我無爲而民自化, 我好靜而民自正.
아 무 위 이 민 자 화   아 호 정 이 민 자 정

我無事而民自富, 我無欲而民自朴.
아 무 사 이 민 자 부   아 무 욕 이 민 자 박

무위로 나라를 다스리고 기묘한 계략으로 전쟁을 하며, 백성을 괴롭히지 않고 천하의 신뢰를 얻는다.

내가 어떻게 이러한 이치를 알았는가? 답은 바로 다음과 같다.

천하에 금기가 많을수록 백성들은 가난해지고, 백성들에게 예리한 무기가 많을수록 나라는 혼란에 빠지게 된다.

사람들의 지식과 기교가 많아질수록 기이하고 사악한 물건이 많아진다.

또한 법령이 많을수록 도둑이 많아진다.

그러므로 성인은 이렇게 말하였다.

"내가 무위를 행하면 백성들은 스스로 순화되고 내가 고요하면 백성들은 스스로 바르게 된다.

내가 백성을 괴롭히지 않으면 백성들은 자연히 풍요로워지고, 내가 욕심을 내지 않으면 백성들은 자연히 순박해진다."

―― 한자 풀이

以正治國 이정치국 정正은 '무위無爲', '청정淸淨'의 의미이다.
自化 자화 "스스로 순화되다."의 뜻으로 해석한다.

―― 깊이 보기

법령이 많을수록 도둑이 많아진다

이 글에서 말하는 "법령이 많을수록 도둑이 많아진다."는 법률에 대한 부정적 시각을 드러내고 있다. 하지만 "도생법道生法"이라는 말이 있을 정도로 사실 법가는 본래 도가사상으로부터 파생된 것이었다.

법가의 선구자인 신도愼到는 청정이치淸靜而治를 주창하면서 법이란 반드시 자연 본성을 준수해야 함을 강조하였다.[23] 또 대표적인 법가 사상가인 한비자韓非子는 그 사상적 근원을 노자에 둘 만큼 노자사상에 깊이 심취했던 인물이었다. 그는 『도덕경』을 주해한 『해로解老』와 『유로喩老』를 저술하는 등 장자莊子와 함께 노자사상의 정수를 터득한 두 명의 인물로 평가되고 있다. 그러므로 사마천이 『사기』「노자한비자열전」에서 노자, 장자, 신도, 그리고 한비자를 '노장신한老莊申韓'으로 합쳐 기술한 것은 결코 우연이 아니다. 사마천은 여기에서 "신도의 학문은 황로에서 비롯되어 형명刑名을 주장하고, 한비자는 형명법술刑名法術의 학문에 심취했는데, 이러한 학설은 황로에서 비롯되었다."고 기록하고 있다. 다만 도가는 청정무위와 '이도생법以道生法'을 강조한 반면, 법가는 도의 규율성을 대단히 중시하였다. 또 도가는 제자백가 사상을 모두 포용하여 받아들인 데 비하여 법가는 백가사상을 엄금하였다.

한편 이 장의 "사람들의 지식과 기교가 많아질수록 기이하고 사악한 물건이 많아진다."는 구절에 의거하여 노자가 일체의 상공업을 반대했다는 견해가 존재한다. 물론 노자가 무위無爲와 무사無事를 강조한 것은 사실이다. 하지만 노자가 반대한 것은 일체의 상공업 행위가 아니라 과도한 탐욕적 행위와 거짓, 속임수였다. 특히 글 후반에 있는 아무사이민자부我無事而民自富, 즉 "내가 무사無事하면 백성들은 자연히 풍요로워진다."는 말에서도 노자가 상공업 일체를 반대했다는 견해에

---

23 전국시대 제나라 선왕宣王(기원전 320~302년)은 인재를 양성하기 위해 천하의 선비를 모아 이른바 직하稷下 학관學官을 운영하였다. '직하'라는 명칭은 제나라 수도 임치의 성문인 직문稷門이라는 부근에 선비들이 거주했던 데에서 비롯되었다. 직하 학관의 대표적 인물은 신도였지만, 그 사상에 있어서는 황로도의 세력이 압도적이었다.

대한 유력한 반박의 증거가 입증되고 있다. 여기에서 무사無事란 강제적 정책이나 정부 조치로 백성을 괴롭히지 않는 것을 의미한다.

모두가 잘 아는 바와 같이, 중국은 영토가 넓고 인구가 많아 통일된 국가로서 지대물박地大物博, 엄청난 규모의 시장이 존재하기 때문에 개개인들이 장사를 비롯하여 여러 형태의 상업 활동을 쉽게 할 수 있고 동시에 광범한 범위에서의 상품 교역이 가능하다. 그러므로 역사적으로 살펴볼 때, 중국에 30~40년 동안이라도 전쟁이 없고 혼란 상태가 발생하지 않는 치세가 이어졌을 때에는 곧 농업과 상공업 등 모든 경제 부문이 번성해져 국가의 경제가 쉽게 융성하고 부강해졌다. 그리하여 상공업의 발전을 주창했던 『사기』의 저자 사마천도 '화식열전'에서 가장 나쁜 정부 정책은 "백성의 생활에 간섭하면서 그들과 이익을 다투는 것"이라고 맹렬히 비난하면서 가장 좋은 방법은 "자연적인 추세에 순응하는 것"이라고 역설하였다. 노자와 완전히 일치된 주장이었다. 사마천은 '화식열전'에서 거의 2천 년 뒤에야 애덤 스미스가 말한 '보이지 않는 손invisible hand'을 '도道'와 '자연의 효험[自然之驗]'으로 표현하여 설명하고 있다. '도'와 '자연의 효험'이라는 용어는 전적으로 노자 사상의 개념이다.

58장　화禍는 복福이 기대는 바이고, 복에는 화가 숨어 있다

其政悶悶, 其民淳淳, 其政察察, 其民缺缺.
기 정 민 민　기 민 순 순　기 정 찰 찰　기 민 결 결

禍兮福之所倚, 福兮禍之所伏.
화 혜 복 지 소 의　복 혜 화 지 소 복

孰知其極?
숙 지 기 극

其無正.
기 무 정

正復爲奇, 善復爲妖.
정 복 위 기　선 복 위 요

人之迷, 其日固久.
인 지 미　기 일 고 구

是以聖人方而不割, 廉而不劌.
시 이 성 인 방 이 불 할　렴 이 불 귀

直而不肆, 光而不燿.
직 이 불 사　광 이 불 요

　정치가 관후하면 백성들이 순박해지고, 정치가 가혹해지면 백성들의 불만이 많아진다.
　화禍는 복福이 기대는 바이고, 복에는 화가 숨어 있다.

누가 그 끝을 알 수 있겠는가?

그것은 정해진 것이 없다.

정상적인 것과 괴이한 것은 서로 전변轉變하며, 선과 사악은 상호 순환한다.

사람들의 미혹됨은 그 유래가 이미 오래되었다.

그러므로 성인은 모서리가 나 있는 방정형方正型이지만 그 모서리로 남을 해치지 않고, 예리하지만 남을 다치게 아니한다.

진솔하지만 함부로 하지 않고, 빛나지만 눈을 찌르는 것과 같은 자극이 없다.

—— 한자 풀이

悶悶 민민 '관후寬厚함'을 형용한다.

察察 찰찰 '가혹'을 형용한다.

缺缺 결결 '불만족함'을 형용하고 있다.

廉 렴 "예리하다."의 의미로 해석한다.

—— 깊이 보기

사람들의 미혹됨은 그 유래가 이미 오래되었다

이 글은 정치와 사회의 변화와 순환을 논하고 있다. 화혜복지소의, 복혜화지소복禍兮福之所倚, 福兮禍之所伏은 잘 알려진 명구이다. "화禍는 복福

이 기대는 바이고, 복에는 화가 숨어 있다."의 뜻으로 일종의 변증법이다. 정복위기, 선복위요正復爲奇, 善復爲妖. "정상적인 것과 괴이한 것은 서로 전변轉變하며, 선과 사악은 상호 순환한다."라는 구절 역시 마찬가지다. 분명 이러한 변증법적 사고의 세계는 노자가 개척한 것이다. 다만 노자는 그 변화와 발전의 측면보다 순환의 측면을 더 강조했다고 평가할 수 있다.

한편『도덕경』은 흔히 상대론의 관점을 지닌다고 평가된다. 아름다움을 예로 들어, '추함'이 없으면 어떻게 '아름다움'이 존재할 수 있겠는가? '선善'이 없고서는 '악惡'이 존재할 수 없다. '유有'와 '무無', 남과 북, 선과 후 그리고 '허虛'와 '실實' 역시 마찬가지다. 모든 관념은 서로 상대적이기 때문에 비로소 사람들이 이해할 수 있게 된다. 그런데 이러한 상대적인 것은 마치 4계절처럼 서로 이어져 본래의 근원으로 회귀한다. 봄, 여름, 가을, 겨울 뒤에 다시 봄, 여름, 가을, 겨울이 이어지고 회귀하며 순환하게 된다. 그리고 최종적으로 다시 '도道' 속으로 돌아간다. '도道'로부터 나와 다시 '도'로 돌아간다. 장자莊子는 이러한 순환론에서 절대적 상대주의의 차원으로 한 걸음 더 나아갔다고 평가될 수 있다.

59장 사람을 다스리고 하늘을 섬기는 데에 검약만큼 중요한 일이 없다

治人事天, 莫若嗇.
치 인 사 천　막 약 색

夫唯嗇, 是以早服.
부 유 색　시 이 조 복

早服, 謂之重積德.
조 복　위 지 중 적 덕

重積德, 則無不克.
중 적 덕　즉 무 불 극

無不克, 則莫知其極.
무 불 극　즉 막 지 기 극

莫知其極, 可以有國.
막 지 기 극　가 이 유 국

有國之母, 可以長久.
유 국 지 모　가 이 장 구

是謂深根固柢, 長生久視之道.
시 위 심 근 고 저　장 생 구 시 지 도

사람을 다스리고 하늘을 섬기는 데에 검약만큼 중요한 일이 없다.
검약은 미리 준비하는 것이다.
미리 준비하는 것은 쉼 없이 덕을 쌓는 것이다.

쉼 없이 덕을 쌓으면 이기지 못할 것이 없다.

이기지 못할 것이 없게 되면 그 힘의 끝을 알지 못하게 된다.

끝을 알지 못할 힘을 가지게 되면 능히 나라를 다스릴 중책을 맡을 수 있다.

나라를 다스릴 원칙과 도리를 지니면 능히 장구할 수 있다.

이것을 일컬어 뿌리를 깊고 튼튼히 하여 장생불사하는 도道의 길이라고 한다.

—— 한자 풀이

治人事天 치인사천 "사람을 다스리고 하늘을 섬기다"로 해석한다.
嗇 색 '검약'으로 해석한다.
早服 조복 "미리 준비하다."의 의미이다.
母 모 '원칙과 도리'의 뜻이다

—— 깊이 보기

검약은 '미리 준비하는 것'이다

이 글은 노자가 치국治國과 양생養生의 원칙과 방법에 대하여 설명하는 글이다. 검약을 자기가 가진 세 가지 보물 중 하나로 인식하는 노자는 검약을 수양의 중요한 미덕이며, 나아가 나라를 다스리고 국가를 안정시키는, 치국안방治國安邦의 근본 원칙으로 제시한다. 검약이란 '여지를 남겨놓는 것'이다. 생각할수록 묘미가 있는 말이다. 우리는 어떤 일이 발생하는 것을 때로는 예측할 수 있다. 그러나 어떤 일들은 도저히 예측할 수도 없이 돌연 찾아오고 발생한다. 그럴 때 더구나 마음의 준비도 없고 다른 별도의 준비 없이 일을 당한다면 크게 낭패를 볼 수 있다. 그러할 때 검약으로써 미리 '남겨놓고' 준비할 수 있다면, 어떤 일이 예고 없이 찾아온다고 할지라도 허둥지둥 혼란에 빠지지 않고 차분하게 대처할 수 있게 된다. 최소한 준비 없는 다른 사람보다는 여유를 가지고 해결해 나갈 수 있다. 이렇게 하여 크게는 국가를 유지하는 정치에서, 작게는 개개인의 생명을 장구하게 유지하는 일 모두 검약이라는 원칙과 분리될 수 없다. 그러니 모든 일을 검약의 원칙으로부터 시작해야 할 일이다.

『도덕경』해석은 되도록이면 단순함과 간략함을 원칙으로 삼아야 할 것이다. 이 글의 치인사천治人事天의 해석에서도 천天을 심신心身으로 해석해야 하는가 아니면 자연自然으로 해석해야 하는가의 논쟁이 전개된다. 색嗇도 "소중히 여기다"로 해석하는 경향이 많다. 자칫 견강부회[24]와 교각살우[25]의 가능성도 적지 않다.

---

24 견강부회牽强附會: 이치에 맞지 않는 말을 억지로 끌어 붙여 자기에게 유리하게 하다.

25 교각살우矯角殺牛: 소의 뿔을 바로잡으려다가 소를 죽인다는 뜻으로, 잘못된 점을 고치려다가 그 방법이나 정도가 지나쳐 오히려 일을 그르침을 이르는 말이다.

60장　큰 나라를 다스리는 것은 간단한 요리를 하는 것과 같다

治大國, 若烹小鮮.
지 대 국　약 팽 소 선

以道莅天下, 其鬼不神.
이 도 리 천 하　기 귀 불 신

非其鬼不神, 其神不傷人.
비 기 귀 불 신　기 신 불 상 인

非其神不傷人, 聖人亦不傷人.
비 기 신 불 상 인　성 인 역 불 상 인

夫兩不相傷, 故德交歸焉.
부 량 불 상 상　고 덕 교 귀 언

큰 나라를 다스리는 것은 간단한 요리를 하는 것과 같다.[26]

도로써 천하를 다스리면 난을 일으키는 자(혹은 나라의 불안정요소)들이 소란을 일으키지 못한다.

비단 난을 일으키는 자가 소란을 일으키지 못할 뿐만 아니라 소란

---

26 이 부분에 대한 해석도 다양하다. 첫째, "큰 나라를 다스리는 것은 마치 작은 물고기 요리와 같아 모양이 쉽게 부서지기 쉽기 때문에 너무 뒤적거려서는 안 된다." 둘째, "큰 나라를 다스리는 것은 마치 작은 물고기를 요리하는 것과 같아, 기름, 소금, 장, 식초가 정확하게 배합되어야 하고, 지나쳐서도 부족해서도 안 된다." 셋째, "큰 나라를 다스리는 것은 요리를 하는 것처럼 어렵다. 양자 모두 불을 잘 조절하고 조미료를 주의해야 한다."

을 일으켜도 사람들을 상하게 하지 못한다.

　소란을 일으키는 자들은 사람들을 상하게 하지 못하고, 덕이 있는 성인 역시 사람들을 상하게 하지 않는다.

　난을 일으키는 자들과 성인 모두 상하게 하지 않으므로 덕의 은덕은 사람들에게 베풀어진다.

—— 한자 풀이

莅 리 "다스리다."의 의미이다.
鬼 귀 '난을 일으키는 자', 혹은 '국가의 불안정요인'의 뜻이다.
神 신 신통력을 의미하고, 여기에서는 "소란을 일으키다."의 의미로 해석한다.

—— 깊이 보기

나라를 다스리는 일과 요리를 하는 일

치국治國의 도리를 논하고 있는 글이다. 이 글에서 '선鮮'은 이제까지 줄곧 '생선生鮮'으로 해석되어 왔다. 즉, 생선을 요리할 때 자꾸 뒤집으면 모양이 엉망으로 되기 때문에 조심스럽게 요리해야 한다고 풀이되어왔다. 특히 법가의 대표적 주창자이자 노자의 탁월한 제자이기도 했던 한비자가 이 "치대국약팽소선治大國若烹小鮮" 구절을 "국가를 다스릴 때는 정책의 안정성을 유지해야 하며, 자주 바꿔서는 안 된다."라고 풀이한 이래 이러한 해석은 주류적인 해석으로 확고하게 자리 잡아왔다. 특히 이러한 해석은 안정을 최우선시하면서 개혁과 변화에 대한 요구를 반대하는 보수적인 논리로 활용되어왔다.

'선鮮'이라는 한자는 사실 '어魚'와 '양羊'이 합쳐져 만들어진 한자어로서 그 본래 의미는 물고기와 양고기 등의 총칭이다. 실제로 중국의 북방 지역에서는 양고기를 즐겨 먹었고, 남방 지역에서는 물고기를 식용으로 하였다. 그러므로 여기에서 '팽소선烹小鮮'은 '간단한 요리'로 해석되는 것이 정확하다. 즉, "큰 나라를 다스리는 것은 간단한 요리를 하는 것과 같다."로 해석해야 한다.

61장 대국과 소국 모두 각기 바라는 바를 얻어야 한다

大國者下流, 天下之交, 天下之牝.
대 국 자 하 류 천 하 지 교 천 하 지 빈

牝常以靜勝牡.
빈 상 이 정 승 모

以靜爲下.
이 정 위 하

故大國以下小國, 則取小國.
고 대 국 이 하 소 국 즉 취 소 국

小國以下大國, 則取大國.
소 국 이 하 대 국 즉 취 대 국

故或下以取, 或下而取.
고 혹 하 이 취 혹 하 이 취

大國不過欲兼畜人, 小國不過欲入事人.
대 국 불 과 욕 겸 축 인 소 국 불 과 욕 입 사 인

夫兩者各得其所欲, 大者宜爲下.
부 량 자 각 득 기 소 욕 대 자 의 위 하

대국이란 강과 바다와 같아 천하의 모든 흐름이 만나는 천하의 음
陰이다.

음은 항상 정적靜的인 것으로써 양陽을 이긴다.

정靜으로써 아래에 있기 때문이다.

그러므로 대국이 소국을 겸허한 태도로 대하면 소국을 취할 수 있다.

소국이 대국을 겸허한 태도로 대하면 대국을 취할 수 있다.

그러한 까닭에 대국이 소국의 신뢰를 취하고, 소국이 대국의 신뢰를 취한다.

대국은 과욕을 부려 소국을 통치하려 해서는 안 되고, 소국은 대국에게 지나치게 순종해서는 안 된다.

양쪽 모두 각기 바라는 바를 얻어야 하고, 대국은 특별히 겸허한 태도를 취해야 한다.

—— 한자 풀이

兼畜人 겸축인 "한꺼번에 모아 보호하다.", 즉 "통치하다."의 의미로 해석한다.

—— 깊이 보기

어떻게 국가들은 평화 공존할 수 있는가?

국제관계에 관한 노자의 논술이다. 노자가 살던 춘추시대 당시, 중국 대륙은 수십 수백 나라로 분열된 상태였다. 전란과 무자비한 살육, 그리고 처절한 굶주림이 끊이지 않았다. 그러한 분열과 전란의 시기에 강대국은 약육강식으로 약소국을 병탄하고 침략하여 무자비한 인명 살상을 자행하였다. 그때마다 수십 만 명, 수백 만 명 심지어 수천 만

명이 몰살되는 비극이 잇달았다. 그러한 상황에서 노자는 대국과 소국이 과연 어떤 관점과 태도를 견지해야만 비로소 상호 평화적으로 공존, 공영할 수 있는가를 제시하고 있다. 여기에서도 대국이 과욕을 부려 소국을 통치하려 해서는 안 되며, 오히려 "마땅히 아래[下]에 처함으로써" 특별히 겸허해야 함을 권고한다.

　노자는 작은 나라, 소국이 겸허한 태도로 대하면 대국의 신뢰를 얻을 수 있다는 점을 말하면서도 동시에 대국에게 지나치게 순종해서는 안 된다는 점을 분명히 천명하고 있다. 이러한 노자의 관점은 오늘의 국제관계에도 정확히 적용될 수 있다.

62장 도는 만물의 주재자主宰者이다

道者, 萬物之奧.
도 자 만 물 지 오

善人之寶, 不善人之所保.
선 인 지 보 불 선 인 지 소 보

美言可以市尊, 美行可以加人.
미 언 가 이 시 존 미 행 가 이 가 인

人之不善, 何棄之有?
인 지 불 선 하 기 지 유

故立天子, 置三公, 雖有拱璧以先駟馬, 不如坐進此道.
고 립 천 자 치 삼 공 수 유 공 벽 이 선 사 마 불 여 좌 진 차 도

古之所以貴此道者何?
고 지 소 이 귀 차 도 자 하

不曰以求得, 有罪以免邪?
불 왈 이 구 득 유 죄 이 면 사

故爲天下貴.
고 위 천 하 귀

도는 만물의 주재자主宰者이다.

선인善人의 법보法寶이고, 선하지 못한 자도 그로써 자신을 보전할 수 있다.

아름다운 말은 널리 존중을 받고, 아름다운 행동은 사람들의 추대를 받는다.

선하지 않은 사람들이라고 해서 어찌 그들을 버려야 하는가?

그러므로 천자가 세워지고 삼공이 임명되어 비록 사람들에 의하여 받들어지고 사두마차의 화려한 의례를 누리지만, 이는 정좌하여 도道에 들어가는 것만 못하다.

왜 옛 사람들이 도를 귀하게 여겼겠는가?

원한다면 얻을 수 있고 죄를 지어도 면할 수 있다는 말이 아니겠는가?

그러므로 도는 모든 사람들이 귀하게 여기는 바이다.

—— 한자 풀이

市尊 시존 "널리 존중을 받다."의 의미이다.

加人 가인 "사람들에 의하여 추대를 받다."의 뜻으로 해석한다.

—— 깊이 보기

모든 사람은 도道 앞에서 평등하다

노자는 이 장에서 다시금 도의 장점과 그 위대한 역할을 찬미한다. 특히 선한 사람만이 아니라 나쁜 사람일지라도 도를 얻고자 하면 구제될 수 있다는 주장도 담고 있다. 도道는 선하지 못한, 나쁜 사람도 결코 포기하지 않는다는 것이다. 즉, "모든 사람은 도道 앞에서 평등하다."는 규율이다. 또 다른 차원의 깨달음을 주는 명징明澄[27]한 글귀이다. 공자도 비슷한 언급을 한 바 있었다. "허물이 있어도 고치지 않으면, 이야말로 가장 큰 허물이다[자왈: 과이불개, 시위과의子曰: 過而不改, 是謂過矣]." 인간은 누구나 과오를 범할 수 있다. 문제는 그 과오를 고칠 수 있느냐의 여부이다.

---

27 명징明澄하다: 깨끗하고 맑다.

63장 천하의 대사는 반드시 미세한 곳부터 시작한다

爲無爲, 事無事, 味無味.
위 무 위 사 무 사 미 무 미

大小多少, 報怨以德.
대 소 다 소 보 원 이 덕

圖難於其易, 爲大於其細.
도 난 어 기 이 위 대 어 기 세

天下難事, 必作於易, 天下大事, 必作於細.
천 하 난 사 필 작 어 이 천 하 대 사 필 작 어 세

是以聖人終不爲大.
시 이 성 인 종 불 위 대

故能成其大, 夫輕諾必寡信, 多易必多難.
고 능 성 기 대 부 경 낙 필 과 신 다 이 필 다 난

是以聖人猶難之, 故終無難矣.
시 이 성 인 유 난 지 고 종 무 난 의

무위의 태도로 일을 하고, 일을 일으키지 않는 방법으로 일을 처리하며, 아무런 맛이 없는 것으로써 맛을 삼는다.

큰 것은 작은 것으로부터 나오고, 많은 것은 적은 것으로부터 나온다.[28] 덕으로써 원한을 갚는다.[29]

어려운 일을 해결하려면 쉬울 때 해야 하고, 큰일은 미세한 곳부터

해야 한다.

천하의 어려운 일은 쉬울 때 처리하고 천하의 대사는 반드시 미세한 곳부터 시작한다.

성인은 결코 커다란 공을 탐하지 않으므로 능히 큰일을 이루어 낼 수 있다.

쉽게 약속을 한 일은 반드시 실현하기 어려워지며, 쉽다고 여기는 일은 반드시 어려운 경우를 당하게 된다.

그러한 까닭에 성인은 일을 쉽게 여기지 않으며, 그러므로 끝내 곤란을 겪지 않게 된다.

—— 한자 풀이

難之 난지 "신중한 태도, 세밀한 자세로 임하다."의 뜻이다.

爲無爲, 事無事, 味無味 위무위, 사무사, 미무미 "무위無爲로써 '위爲'를 하고, 무사無事로써 사事를 하며, 무미無味로써 미味로 삼는다."는 의미로 해석한다.

28　다른 해석으로는, "큰 것을 버리고 작은 것을 취하며, 많은 것을 버리고 적은 것을 취한다." 혹은 "큰 것은 작은 것으로 보고, 많은 것은 적은 것으로 본다."의 해석이 있다.

29　한편 대소다소, 보원이덕大小多少, 報怨以德 구절을 "다른 사람이 아무리 많은 원한을 가지고 있을지라도 어디까지나 청정무위淸淨無爲의 도덕으로 대할 일이다."로 해석하는 견해도 있다.

'유무위有無爲'와 '사무사事無事'

이 글은 과연 한 인간으로서 살아가는 데 어떻게 처세해야 하는가를 다룬 일종의 처세론이다. 성인은 천하의 일을 처리함에 있어 언제나 '무위'의 태도로 임하며, 이는 자연의 규율에 순응하여 '위爲'하는 것이므로 곧 '유무위有無爲'가 된다. 또한 성인은 일을 처리할 때 '인위'와 '작위'가 아니라 어디까지나 '객관적 조건이 성숙하여 자연스럽게 이뤄지는' '무사無事'의 방식으로 하므로 곧 '사무사事無事'이다. 이를테면, 가습기 살균제나 음이온 침대는 '작위'의 대표적 사례이다. 그것은 도리어 커다란 해악을 가져온다.

성인은 결코 커다란 공을 탐하지 않으므로 능히 큰일을 이루어 내며, 일에 임해 쉽게 여기지 않고 신중하고 세밀하게 임하므로 끝내 곤란을 겪지 않게 된다. 노자는 모든 대사는 반드시 작은 일로부터 비롯된다고 인식한다. 입만 열면 천하 대사를 논하고 추상적인 공리공론만을 늘어놓는 허장성세의 풍조에 대한 날카로운 풍자이자 비판이다. 사람들은 대개 커다란 일에만 관심을 갖는다. 누가 '구체적인' '작은' 일을 제기하면, 왜 자질구레한 일을 가지고 자잘하게 구느냐고 핀잔까지 준다. 『진서陳書』는 말했다. "털끝만큼의 작은 잘못이 천리나 되는 엄청난 착오를 나타나게 한다[실지호리, 차이천리失之毫厘, 差以千里]." 핵심은 언제나 미세한 곳에 존재하는 법이다. 또한 미세한 작은 일을 해내지 못하는 사람은 결코 큰일을 할 수 없다.

64장　인위적으로 행하는 자는 실패하고, 집착하는 자는 잃는다

其安易持, 其未兆易謀.
기 안 이 지　기 미 조 이 모

其脆易泮, 其微易散.
기 취 이 반　기 미 이 산

爲之於未有, 治之於未亂.
위 지 어 미 유　치 지 어 미 란

合抱之木, 生於毫末, 九層之臺, 起於累土, 千里之行,
합 포 지 목　생 어 호 말　구 층 지 대　기 어 누 토　천 리 지 행

始於足下.
시 어 족 하

爲者敗之, 執者失之.
위 자 패 지　집 자 실 지

是以聖人無爲故無敗, 無執故無失.
시 이 성 인 무 위 고 무 패　무 집 고 무 실

民之從事, 常於幾成而敗之.
민 지 종 사　상 어 기 성 이 패 지

愼終如始, 則無敗事,
신 종 여 시　즉 무 패 사

是以聖人欲不欲, 不貴難得之貨, 學不學, 復衆人之
시 이 성 인 욕 불 욕　부 귀 난 득 지 화　학 불 학　복 중 인 지

所過.
소 과

以輔萬物之自然, 而不敢爲.
이 보 만 물 지 자 연   이 불 감 위

편안할 때 위태로운 것을 조심하면 유지하기가 쉽고, 아직 징조가 나타나기 전에 미리 대책을 세우면 계획하기가 쉽다.

단단하지 못한 것은 깨트려지기 쉽고 미세한 것은 흩어져 버리기 쉽다.

아직 아무 일도 없을 때 처리하고 어지러워지기 전에 다스려야 한다.

한 아름이나 되는 큰 나무도 털끝만한 작은 싹에서 시작되고, 구층의 높다란 누각도 한줌의 흙들로 쌓아 만들어지며 천리 길도 한 걸음부터 시작된다.

인위적으로 행하는 자는 실패할 것이고, 집착하는 자는 잃게 된다.

그러한 까닭에 성인은 무위로 행하여 실패하지 아니하고, 집착하지 않으므로 잃지 않는다. 사람들이 하는 일은 항상 거의 다 이뤄지다가 실패한다.

시작할 때와 같이 끝맺음도 신중히 하면 실패하지 않는다.

그러므로 성인은 사람들이 추구하지 않는 것을 추구하고, 얻기 어려운 보물을 소중히 여기지 않으며, 세상 사람들이 배우지 않는 것을 배워서 사람들이 범하는 잘못을 복원시킨다.

그렇게 만물의 자연스러움을 돕지만, 앞에 나서 간섭하지 않는다.

沖 반 산散, 혹은 해解와 통한다.

欲不欲 욕불욕 "다른 사람들이 추구하지 않는 것을 추구하다."의 의미로 해석된다.

而不敢爲 이불감위 위爲는 '유위有爲', '인위人爲'를 뜻한다.

—— 깊이 보기

끝맺음을 시작처럼 신중히 하면 실패하지 않는다

노자는 이 글에서 성인의 자세를 비교적 상세하게 설명하면서 아무쪼록 무위의 원칙을 견지할 것과 집착하지 말 것을 강조하고 있다. 성인은 일을 행함에 있어 준비의 단계, 실행의 단계 그리고 마무리 단계 모두 최선을 다해야 한다. 언제나 욕망을 절제해야 할 것이며, 처음만 있고 끝은 없는 그러한 잘못을 범하지 않도록 주의해야 한다. 흔히 노자에 대해 은둔이나 현실 도피 혹은 초탈의 이미지만 떠올린다. 하지만 이 글은 삶을 성실하고 실천적으로 대한 노자의 치열한 시각을 보여준다.

왜 사람들이 하는 일은 항상 거의 다 이뤄지다가 실패하는가? 노자가 보기에, 사람들은 일이 거의 이뤄지게 되면 마음이 풀어져 게을러지게 된다. 끈기가 부족한 것이다. 대부분의 사람들은 일을 시작할 때 대단한 열정을 보이지만, 일이 거의 완성되려 할 때가 되면 그 열정은 그만 종적도 사라지고 만다. 그기에 "초심을 잃지 말라"는 말은 언제나 중요한 말이다. 신종여시, 즉무패사愼終如始, 則無敗事. 시작할 때와 같이 끝맺음도 신중히 하면 실패하지 않는다. 여기에서도 노자는 우리들에게 삶의 진정한 그리고 영원한 지혜를 당부하고 있다.

65장　지혜로 나라를 다스리지 않는다면 나라에 복이 있다

古之善爲道者, 非以明民, 將以愚之.
고 지 선 위 도 자　비 이 녕 민　장 이 우 지

民之難治, 以其智多.
민 지 난 치　이 기 지 다

故以智治國, 國之賊, 不以智治國, 國之福.
고 이 지 치 국　국 지 적　불 이 지 치 국　국 지 복

知此兩者, 亦稽式.
지 차 량 자　역 계 식

常知稽式, 是謂玄德.
상 지 계 식　시 위 현 덕

玄德, 深矣! 遠矣!
현 덕　심 의　원 의

與物反矣, 然後乃至大順.
여 물 반 의　연 후 내 지 대 순

　옛날 도를 지닌 사람은 얕은 지혜로써 백성을 다스리지 아니하고 질박質朴과 무위로써 하였다.

　백성들을 다스리기 어려운 까닭은 이익을 추구하려는 지혜가 만연했기 때문이다.

　그러므로 지혜로 나라를 다스리는 것은 나라의 재앙이고, 지혜로

나라를 다스리지 않는다면 나라에 복이 있다.

나라를 다스리는 이 두 가지의 차이를 아는 것, 이는 곧 법칙이다.

언제나 이 법칙을 아는 것이 곧 현덕玄德이다.

현덕은 심오하고도 원대하다!

만물과 함께 도의 질박함으로 돌아오니 비로소 자연에 이르게
된다.

—— 한자 풀이

稽式 계식 '준칙', '법칙'을 말한다.

大順 대순 '자연'을 의미한다.

—— 깊이 보기

지혜로써 나라를 다스리는 것은 나라의 재앙이다

이 글에서 '명明' 혹은 '지智'란 일반적인 지식이나 지혜라기보다 '남에
게 보이기 위한' 과시적인 지혜 혹은 이를테면 투기 정보나 불법 이득
을 취하는 정보 등 탐욕을 추구하는 불법적 '지식'이나 기교와 사기에
가까운 지식을 말한다. 또 '우愚'는 우민정책이 아니라 '소박함' 혹은
'질박함'으로 이해하는 것이 타당하다.

이 글은 위정의 원칙을 논하고 있다. 위정자가 기교와 간사함으로
정치를 하게 되면 좋지 못한 풍조가 초래되고, 사람들은 서로 속이고

해를 끼치게 된다. 결국 사회와 국가가 태평한 나날이 없이 혼란해지게 된다. 반대로 위정자가 소박하고 성실한 자세로 정치를 시행하게 되면, 사회 풍조가 자연히 좋아지고 사람들도 서로 속일 필요가 없다. 그러니 나라도 자연히 태평해진다. 노자는 이 글에서 정치란 어디까지나 '도'와 '덕'을 근본으로 해야 할 일이지 결코 이익을 추구하거나 기껏 사람들 간에 마찰을 일으키기 쉬운 얕은 지식으로써 해서는 안 된다는 점을 거듭 강조하고 있다.

'남에게 보이기 위한' 과시적인 '거짓 지혜'가 만연하기 때문에 필연적으로 오로지 출세만을 지향하는 입신양명立身揚名, 출세 지상주의의 학문 풍조가 만연된다. 이러한 풍조로 인하여 사회 구성원이 소박하고 진실한 실질을 추구하지 않고 겉으로만 화려한 허명虛名과 속빈 외화내빈의 격렬한 경쟁 사회를 만들고 있다. 이러한 사회는 공존과 공영共榮이 아닌 적자생존 약육강식의 원리만이 적용되는 독점과 차별과 소외의 슬픈 사회이다.

66장 　강과 바다가 모든 계곡의 왕이 될 수 있는 것은 가장 낮은 곳에 처하기 때문이다

江海所以能爲百谷王者, 以其善下之.
강 해 소 이 능 위 백 곡 왕 자　이 기 선 하 지

故能爲百谷王.
고 능 위 백 곡 왕

是以欲上民, 必以言下之.
시 이 욕 상 민　필 이 언 하 지

欲先民, 必以身後之.
욕 선 민　필 이 신 후 지

是以聖人處上而民不重, 處前而民不害.
시 이 성 인 처 상 이 민 부 중　처 전 이 민 불 해

是以天下樂推而不厭.
시 이 천 하 락 추 이 불 염

以其不爭, 故天下莫能與之爭.
이 기 부 쟁　고 천 하 막 능 여 지 쟁

　　강과 바다가 모든 계곡이 모여드는 곳으로 될 수 있는 까닭은 그 것이 가장 낮은 곳에 능히 처하기 때문이다.

　　그러므로 모든 계곡이 귀의歸依할 수 있다.

　　그러한 까닭에 성인이 백성 위에 있기를 바란다면 반드시 먼저 백성들에게 말로써 겸손함을 보여야 한다.

백성을 이끌고자 한다면 반드시 스스로의 몸을 백성들의 뒤에 처하도록 해야 한다.

그럴 때 비로소 성인이 위에 있어도 백성들이 무겁게 생각하지 않고 백성의 앞에 있어도 방해가 된다고 여기지 않는다.

따라서 천하가 즐거이 추대하고도 싫어하지 않는다.

더불어 다투지 않기 때문에 천하의 누구도 그와 다툴 수가 없다.

한자 풀이

百谷王者 백곡왕자 '많은 골짜기의 물이 귀의歸依, 모여드는 곳'의 의미이다.
重 중 '무거운 짐'이라는 뜻으로 해석한다.

깊이 보기

더불어 다투지 않기 때문에 누구도 그와 다툴 수가 없다

이 글은 '부쟁不爭'의 정치철학을 주창하고 있다. 노자는 통치자란 마땅히 백성의 아래에 그리고 뒤에 처해야 함을 역설한다. 군림하면 망하고 겸양하면 흥한다는 원칙이다. 오로지 위정자가 그러한 태도로써 임할 때만이 비로소 백성들은 비록 그가 위에 있어도 무겁게 여기지 아니하며, 앞에 있어도 결코 방해물로 생각하지 않는다. 노자는 그 이유를 강과 바다가 아래에 그리고 뒤에 있기 때문에 크고 작은 모든 강물이 모일 수 있었다는 비유를 들어 차분하게 설명하고 있다.

天下皆謂我道大, 似不肖.
천 하 개 위 아 도 대　사 불 초

夫唯大, 故似不肖.
부 유 대　고 사 불 초

若肖久矣, 其細也夫.
약 초 구 의　기 세 야 부

我有三寶, 持而保之.
아 유 삼 보　지 이 보 지

一曰慈, 二曰儉, 三曰不敢爲天下先.
일 왈 자　이 왈 검　삼 왈 불 감 위 천 하 선

慈故能勇, 儉故能廣, 不敢爲天下先, 故能成器長.
자 고 능 용　검 고 능 광　불 감 위 천 하 선　고 능 성 기 장

今舍慈且勇, 舍儉且廣, 舍後且先.
금 사 자 차 용　사 검 차 광　사 후 차 선

死矣.
사 의

夫慈, 以戰則勝, 以守則固.
부 자　이 전 즉 승　이 수 즉 고

天將救之, 以慈衛之.
천 장 구 지　이 자 위 지

세상 사람들 모두 나의 도가 위대하고 어떤 것과도 닮지 않았다고 말한다.

위대하다는 것은 어떤 것과도 닮지 않았기 때문이다.

만약 닮았다고 한다면, 곧 도는 아주 사소하게 되어버린다.

나에게는 세 가지 보물이 있어 그것을 잘 지키고 보존한다.

첫째는 자애이고, 둘째는 검약이며, 셋째는 사람들 앞에 나서지 않는 것이다.

자애가 있으므로 용기가 있을 수 있고, 검약하기 때문에 널리 베풀 수 있으며, 세상 사람들 앞에 나서지 않기 때문에 능히 만물의 우두머리가 될 수 있다.

지금 사람들은 자애를 버리고 용감함을 추구하며, 검약을 버리고 크게 지출하고자 하고, 뒤에 있지 않으면서 앞에 나서고자 한다.

그러나 이는 곧 죽음으로 가는 길이다.

자애로써 전쟁을 치르면 곧 승리할 수 있고 또 그로써 지키면 견고하다.

하늘이 어떤 사람을 도우려 할 때에는 자애로써 그를 보위한다.

—— 한자 풀이

不肖 불초 "닮지 않다."는 뜻이다.

器 기 '만물'을 가리킨다.

且 차 취取와 같은 뜻으로 "추구하다."로 해석한다.

노자가 가진 세 가지 보물

이 글에서 노자는 도의 원칙을 재차 천명하고 정치군사적 방면에서 도의 구체적 운용을 설명하고 있다. 자, 검, 불감위천하선慈, 儉, 不敢爲天下先. 노자 스스로 말하는 자신의 세 가지 보물이다. 이 세 가지 보물 중 '자慈'는 유柔와 약弱, 동정 그리고 화和와 통하며, 그리하여 그 의미는 무위無爲에 이른다. 다음으로 '검儉'은 '검약'과 '절제'의 의미로서 힘을 축적하여 시기를 기다린다는 뜻을 지닌다. "빛을 숨기고 새벽을 키운다."는 도광양회韜光養晦와 맥락을 같이한다. 마지막으로 '불감위천하선不敢爲天下先'은 '남과 다투지 않는' 부쟁不爭과 겸양을 의미하며, "다른 사람들의 뒤에 그리고 아래에 처한다."는 원칙이다. 위정자에 대한 요구의 측면에서 말한다면 "강제적인 정책 추진으로 일을 벌이고 만들어서 백성을 수고스럽게 하지 않는다."는 무위정치를 의미한다고 할 수 있다. 결국 이 세 가지 보물의 원칙은 도와 덕의 사회실천적 의의에 대한 노자의 총결산이라고 할 수 있다.

68장　뛰어난 장수는 무용을 자랑하지 않는다

善爲士者, 不武, 善戰者, 不怒, 善勝敵者, 不與.
선 위 사 사 　불 무 　신 전 지 　불 노 　선 승 적 자 　불 여

善用人者爲之下.
선 용 인 자 위 지 하

是謂不爭之德, 是謂用人之力.
시 위 부 쟁 지 덕 　시 위 용 인 지 력

是謂配天古之極.
시 위 배 천 고 지 극

　뛰어난 장수는 무용을 자랑하지 않고, 싸움에 능한 자는 노하지 않으며, 적을 격파하는 데 능한 자는 정면으로 충돌하지 않는다.

　사람을 가장 잘 쓰는 자는 다른 사람에게 겸손하다.

　이는 곧 다른 사람과 다투지 않는 품덕品德인 것이고, 다른 사람을 운용하는 능력이라 한다.

　이를 일러 자연의 도리에 부합한다고 한다.

—— 한자 풀이

不與 불여 "다른 사람과 다투지 않다."는 의미로서 "정면으로 충돌하지 않다."로

해석한다.

配天古之極 배천고지극 "자연의 도리에 부합하다."의 뜻이다.

—— 깊이 보기

전쟁에서 이기는 방법

이 장에서 다루는 것은 바로 용병用兵과 작전作戰의 영역이다. 『도덕경』을 한 권의 병서兵書로 파악하는 사람들의 근거가 바로 이 68장이다. 무武와 노怒는 그 자체로 이성 상실의 표현으로서 패배의 지름길이다. 반면 자신의 강함을 드러내지 않고, 쉽게 노하지 않으며, 적과 정면으로 충돌하지 않고, 용인用人에 능하며, 다른 사람과 다투지 않는 자는 결코 패배하지 않는다. 이는 비단 병가兵家와 전쟁에만 적용되는 원리가 아니라 인생과 사회에서도 그대로 적용되는 진리이다.

69장 적을 무시하는 것보다 큰 재앙은 없다

用兵有言.
용 병 유 언

吾不敢爲主, 而爲客, 不敢進寸, 而退尺.
오 불 감 위 주　이 위 객　불 감 진 촌　이 퇴 척

是謂行無行.
시 위 행 무 행

攘無臂, 扔無敵, 執無兵.
양 무 비　잉 무 적　집 무 병

禍莫大於輕敵, 輕敵幾喪吾寶.
화 막 대 어 경 적　경 적 기 상 오 보

故抗兵相加, 哀者勝矣.
고 항 병 상 가　애 자 승 의

용병에 이러한 말이 있다.

"나는 감히 주도적으로 공격하지 않고 수세를 취하며, 감히 일보步를 전진하지 않고 일척尺을 후퇴한다."

이를 일러 비록 병력을 가지고 있어도 마치 병력이 없는 것처럼 한다고 한다.

팔을 치켜 올려 대규모 작전을 하려 할 때 도리어 팔이 없는 듯 아무 일도 없는 것처럼 하며, 적을 앞에 두고도 마치 적이 없는 것처럼 하고, 무기가 있으면서도 마치 무기가 없는 것처럼 하는 방식이다.

적을 무시하는 것보다 큰 재앙은 없으며, 적을 무시하게 되면 나의 보물을 잃게 된다.

그러므로 양측의 실력이 비슷할 때에는 비분悲憤에 잠긴 쪽이 승리한다.

—— 한자 풀이

爲主 위주 "주도적으로 진공하다."의 의미로 해석한다.

爲客 위객 "수세를 취하다."의 뜻이다.

行無行 행무행 행行은 '진세陣勢'의 의미이다.

攘無臂 양무비 "팔을 치켜 올려 대규모 작전을 하려 할 때 도리어 팔이 없는 듯 아무 일도 없는 것처럼 하다."의 뜻이다.

—— 깊이 보기

물러남으로써 오히려 전진하다, 반수위공反守爲功

'이퇴위진以退爲進'이라는 말이 있다. 물러남, 즉 양보를 하는 태도로써 도리어 전진의 결과를 쟁취한다는 의미이다. 양보로 상대방을 심리적으로 만족시켜 그로써 상대방의 경계심이 완화되면 아측我側의 일련의 요구들도 들어주게 된다. 기실 이러한 일련의 요구들은 아측의 진정한 목표이다. 결국 먼저 상대에게 양보를 하여 상대에게 순종한 뒤

주도권을 쟁취한다는 전략이다. '반수위공反守爲功'이라고도 한다. 노자의 가르침이기도 하다. 『도덕경』이 지닌 이러한 함축적 의미 때문에 마오쩌둥 같은 인물도 『도덕경』을 한 권의 병서兵書라고 갈파했다.

노자는 전쟁에 반대하는 입장을 시종여일하게 견지했다. 다만 불가피하게 전쟁에 이르게 되었을 경우 어디까지나 수비를 위주로 해야 하며, 그로써 반드시 승리를 얻을 수 있다는 논리를 펼쳤다. 물론 이러한 군사이론은 아래에 처하고(거하居下), 물러나서 지키는 것(퇴수退守)을 원칙으로 삼는 그의 처세 철학에서 비롯된 것이다. 한편 이 글로부터 "교만한 군사는 반드시 패하고, 비분에 잠긴 군사는 반드시 이긴다[교병필패, 애병필승驕兵必敗, 哀兵必勝]"라는 말이 비롯되었다.

70장 말에는 원칙이 있고, 일을 행함에는 근거가 있다

吾言甚易知, 甚易行.
오 언 심 이 지　심 이 행

天下莫能知, 莫能行.
천 하 막 능 지　막 능 행

言有宗, 事有君.
언 유 종　사 유 군

夫唯無知, 是以不我知.
부 유 무 지　시 이 불 아 지

知我者希, 則我者貴.
지 아 자 희　칙 아 자 귀

是以聖人被褐懷玉.
시 이 성 인 피 갈 회 옥

나의 말은 이해하기가 매우 쉽고 실행하기도 매우 쉽다.

그러나 세상 사람들은 알지 못하고 실행하지 못한다.

말에는 원칙이 있고, 일을 행함에는 근거가 있다.

사람들이 이러한 이치를 알지 못하기 때문에 바로 나를 이해하지 못한다.

나를 이해하는 사람은 드물고 나를 따르려는 사람은 더욱 찾기 어렵다.

그러므로 도를 지닌 성인은 항상 남루한 베옷을 입고서 구슬을 품에 감춘다.

言有宗 언유종 종宗은 '원칙'이라는 뜻이다.

事有君 사유군 군君은 '근거'를 말한다.

則 칙 법法과 통하여 "본받다.", "따르다."의 뜻으로 해석한다.

—— 깊이 보기

남루한 베옷을 입고서 구슬을 품에 감추다

이 글에서 당시 통치자들에 대한 노자의 실망감이 그대로 표현되고 있다. '오吾'는 노자 자신을 가리키는 말일 수도 있고 '도道'를 가리키는 말일 수도 있다. 정靜, 유柔, 검약, 자애, 부쟁不爭, 무위 등은 모두 자연에 부합되는 것으로서 사람들이 쉽게 이해할 수 있고 또 쉽게 실천할 수 있다. 그러나 통치자는 명예와 이익에 사로잡히고 빨리 공을 세우고자 하기 때문에 결국 무위의 원칙을 위배한다. 그리하여 "남루한 베옷을 입고서 품에 구슬을 감추고 있는" 지아자희知我者希, 나를 이해하지 못한다. 현실을 안타까워하는 노자의 그 마음은 오늘 우리의 마음에 그대로 전해지는 듯하다.

71장 　자신이 아직 알지 못하는 바가 있음을 아는 것이 가장 현명하다

知不知, 尙[30]矣.
지 부 지　상　의

不知知, 病也.
부 지 지　병 야

夫唯病病, 是以不病.
부 유 병 병　시 이 불 병

聖人不病, 以其病病.
성 인 불 병　이 기 병 병

是以不病.
시 이 불 병

　자신이 아직 알지 못하는 바가 있음을 아는 것, 이것이 가장 현명하다.[31]
　알지 못하면서 모두 아는 체하는 것은 병病이다.
　병을 병으로 알아야 병이 되지 않는다.
　성인은 병이 없다. 그것은 자기의 병을 병으로 알기 때문이다.
　그러한 까닭에 병이 되지 않는다.

30　上으로 표기되어 있는 판본도 있다.

病病 **병병** 앞의 병病은 동사로서 "어느 것을 어떻게 생각하다."는 뜻이고, 뒤의
　　병病은 명사다.

—— 깊이 보기

알지 못하면서 아는 체하는 것은 병病이다

진정한 학문의 자세를 논하고 나아가 과연 무엇이 가장 현명한 삶의
길인가를 역설하고 있는 글이다. 도道의 정수에 통달한 사람은 언제
나 가벼이 단언하지 않는다. 비록 자신이 이미 알고 있더라도 함부로
억측하지 않으며, 알고 있는 것이라도 아직 모르고 있는 것처럼 한다.
이것이 바로 허심虛心의 구학求學 태도이다. 그리고 사람들은 그러한 '성
인'의 모습을 보면서 부단하게 진리를 탐구하게 된다.

31　이 구절에는 두 가지 해석이 있다. 하나는 "자신이 알고 있지 못하는 바가 있다는 것을
　　안다." 다른 하나는 "알고 있지만, 스스로 알지 못한다고 생각하다."이다.

72장 성인은 자신의 총명을 알면서도 스스로 드러내지 않는다

民不畏威, 則大威至.

민 불 외 위   즉 대 위 지

無押其所居, 無厭其所生.

무 압 기 소 거   무 염 기 소 생

夫唯不厭, 是以不厭.

부 유 불 염   시 이 불 염

是以聖人自知不自見.

시 이 성 인 자 지 부 자 현

自愛不自貴

자 애 부 자 귀

故去彼取此.

고 거 피 취 차

백성들이 통치자의 압박을 무서워하지 않는다면 곧 백성들의 반
란이 닥칠 것이다.

백성들이 살아가는 터전을 핍박해서는 안 되고, 백성들의 삶을 짓
밟아서도 안 된다.

오직 백성들을 압박하지 않을 때 백성들도 비로소 통치자를 싫어
하지 않는다.

그러한 까닭에 성인은 자신의 총명을 알면서도 스스로 드러내지

않는다.

　　스스로 아낄 뿐 고귀하다고 드러내지 않는다.

　　그러므로 드러냄을 버리고 자중자애를 택한다.

大威 대위 '백성들의 반란'을 의미한다.
押 압 '압박', '핍박'을 뜻한다.

—— 깊이 보기

백성들이 통치자의 압박을 무서워하지 않는다면 곧 반란이 닥치게 된다

이 글은 통치자가 지녀야 할 올바른 자세에 관한 글이다. 이 장을 백성들의 반란에 대한 노자의 적대감을 표현하고 있다고 해석하는 시각도 있다. 하지만 이 글에서 노자가 적대감을 드러내고 있는 것은 바로 백성들에 대한 통치자의 고압적 폭정이다. 노자는 위정자란 마땅히 "백성들이 살아가는 터전을 핍박해서는 안 되고, 백성들의 삶을 짓밟아서도 안 된다."는 점을 역설하고 있다. 그래야만 백성들이 죽음을 무릅쓰고 반란으로 저항하는 위험을 막을 수 있다고 강조한다. "오직 백성들을 압박하지 않을 때 백성들도 비로소 통치자를 싫어하지 않는다."는 것이다. "물은 배를 띄울 수 있지만 동시에 배를 뒤집을 수도 있다[수능재주, 역능복주水能載舟, 亦能覆舟]." 당 태종의 말이다. 백성들이 존재함으로써 비로소 왕조도 존재할 수 있는 것이며, 때에 따라서는 백성들이 왕조를 갈아엎을 수도 있다는 뜻이다. 백성들이 더 이상 죽음을 두려워하지 않게 되었을 때, 왕조라는 배는 백성이라는 물의 힘에 의하여 엎어질 수밖에 없게 된다. 그러므로 노자는 그러한 상황이 오지 않도록 백성을 핍박하지 말고 백성들의 삶을 짓밟지 말라고 충고한다. 노자가 대단히 높이 평가하고 중시한 것 중의 하나가 바로 '물'이다. 당 태종은 바로 노자가 중시한 '물'이라는 용어로 제왕과 백성의 관계를 핵심적으로 정리해냈다. 이러한 점에서 당 태종은 가히 노자의 충실한 학생이었다. 좋은 학습으로부터 좋은 정치가 비롯된다.

73장 하늘의 그물망은 광대무변하여 성기지만, 한 점 새어 나감이 없다

勇於敢則殺, 勇於不敢則活.
용 어 감 즉 실   용 이 불 감 즉 활

此兩者或利或害.
차 량 자 혹 리 혹 해

天之所惡, 孰知其故?
천 치 소 오   숙 지 기 고

是以聖人猶難之.
시 이 성 인 유 난 지

天之道, 不爭而善勝, 不言而善應, 不召而自來,
천 지 도   부 쟁 이 선 승   불 언 이 선 응   불 소 이 자 래

坦然而善謀.
탄 연 이 선 모

天網恢恢, 疏而不失.
천 망 회 회   소 이 불 실

나서는 데 용감한 자는 목숨을 잃게 되고, 나서지 않는 데 용감한 자는 능히 살 수 있다.

이 두 가지 모두 용감한 것이지만, 이로울 수도 있고 해로울 수도 있다.

이것은 하늘의 뜻이니, 누가 그것을 알 수 있겠는가?

그러한 까닭에 성인은 매우 신중하다.

하늘의 도란 다투지 않고도 이기는 데 능하고, 말을 하지 않지만 만물이 호응하며, 부르지 않아도 스스로 오고, 담담하게 천하대사를 도모한다.

하늘의 그물망은 광대무변하여 성기지만, 한 점 새어나감이 없다.

—— 한자 풀이

敢 감 "앞에 나서다."로 해석한다.
恢恢 회회 '광대무변'을 뜻한다.

—— 깊이 보기

하늘의 도란 다투지 않고도 이기는 데 능하다

이 글은 자신의 강함을 드러내 보이는 것의 위험성을 지적하면서 조급하게 전면에 나서는 것을 경고한다. 앞 67장에 "나에게 세 가지 보물이 있어"라는 구절이 나온다. 그 세 가지 보물 중 세 번째 보물이 바로 불감위천하선不敢爲天下先, 즉 "감히 천하를 위하여 앞에 나서지 않는 것"이다. 그러므로 이 글에 나오는 용어감즉살, 용어불감즉활勇於敢則殺, 勇於不敢則活 중 '감敢', '불감不敢'은 "(천하를 위하여) 감히 앞에 나서는 것 혹은 나서지 않는 것"으로 해석하는 것이 타당하다. 즉, 앞에 나서지 않고 유약함을 선택하는 것은 "나의 세 가지 보물 중 하나"로 천명할 만큼 대단히 중요한 덕목이며 진정으로 현명하게 삶을 영위하는 방법이다. 하늘의 도는 겉으로 보기에 용기 있는 것처럼 보이지 않지만, 다투지 않아도 이기며 말을 하지 않아도 만물이 호응한다. 그리하여 하늘의 그물망은 성긴 듯 보이지만, 한 점 새어나가는 법이 없다.

74장 백성들이 죽음을 두려워하지 않는다면

民不畏死, 奈何以死懼之?
민 불 외 사   나 하 이 사 구 지

若使民常畏死, 而爲奇者, 吾得執而殺之, 孰敢?
약 사 민 상 외 사   이 위 기 자   오 득 집 이 살 지   숙 감

常有司殺者殺.
상 유 사 살 자 살

夫代司殺者殺, 是謂代大匠斲.
부 대 사 살 자 살   시 위 대 대 장 작

希有不傷其手矣.
희 유 불 상 기 수 의

　백성들이 죽음을 두려워하지 않는다면, 죽음으로써 위협한들 그들이 두려워하겠는가?

　만약 백성들이 정말 죽음을 두려워한다면, 죄를 짓고 나쁜 짓을 한 자는 곧바로 붙잡아 죽이게 되니 누가 감히 죄를 짓겠는가?

　본래 사람을 죽이는 일을 전문적으로 담당하는 기관이 있다.

　그러한 기관을 대신하여 사람을 죽이는 것은 마치 목공일을 모르는 자가 목공일을 하는 것과 같다.

　그렇게 되면 스스로의 손을 상하지 않게 할 자가 드물다.

奇 기 "나쁜 행위를 하다.", "죄를 짓다."의 뜻이다.

執 집 "체포하다.", "붙잡다."의 의미이다.

司 사 "관장하다."의 의미로 해석한다.

—— 깊이 보기

이러한 정치는 망하지 않을 수 없다

이 글은 올바른 정치와 형벌에 관한 논술이다. 가혹한 형벌과 강압적인 폭정 그리고 가렴주구의 수탈에 의해 백성들이 마침내 죽음을 무서워하지 않고 저항과 반란에 나서는 모습은 『도덕경』의 다른 장에서도 사실적으로 묘사되고 있다. 노자는 그러한 상황에서 위정자들이 사사로이 불법적으로 백성들을 붙잡아 무자비하게 학살하는 폭력적이고 잔혹한 장면들을 수없이 목격하면서 이를 크게 탄식하여 신랄하게 비판하고 있다. 동시에 노자는 그러한 야만적인 통치 행태는 곧 통치자 스스로를 위험에 빠지게 하는 결정적인 요인임을 엄중하게 경고하고 있다.

75장　백성들을 다스리기 어려운 까닭은 통치자가 강제적인 정책을 시행했기 때문이다

民之饑, 以其上食稅之多, 是以饑.
민 지 기　이 기 상 식 세 지 다　시 이 기

民之難治, 以其上之有爲, 是以難治.
민 지 난 치　이 기 상 지 유 위　시 이 난 치

民之輕死, 以其上求生之厚, 是以輕死.
민 지 경 사　이 기 상 구 생 지 후　시 이 경 사

夫唯無以生爲者, 是賢於貴生.[32]
부 유 무 이 생 위 자　시 현 어 귀 생

　백성의 굶주림은 통치자가 세금을 무겁게 거둬들여 가렴주구苛斂誅求를 했기 때문에 굶주리는 것이다.

　백성들을 다스리기 어려운 까닭은 통치자가 강제적인 정책을 시행했기 때문에 다스리기 어렵게 된 것이다.

　백성들이 죽음을 가벼이 여기게 된 까닭은 통치자가 백성들로부터 빼앗아 과도하게 사치하기 때문에 죽음을 가벼이 하게 된 것이다.

　오직 자신의 삶만을 위하지 않는 통치자가 진정으로 삶을 귀하게 여기며, 이야말로 현명하다.

32　是賢貴生으로 표기된 판본도 있다.

上 상 '통치자'와 '위정자'를 지칭한다.

厚 후 '과도한 사치'를 의미한다.

夫唯無以生爲者 부유무이생위자 이생위以生爲는 '자신의 삶만을 위한'으로 해석한다.

—— 깊이 보기

백성들이 죽음을 가벼이 여기게 된 까닭

앞 장이 주로 정치적 측면에서 잘못된 통치 방식을 비판하는 글이라면, 이 장은 경제적 측면에서 잘못된 통치 방식을 비판한다. 이 글은 백성들이 굶주리는 이유, 백성들을 다스리기 어려운 원인, 백성들이 죽음을 무릅쓰고 반란을 일으키는 이유를 말하면서 모두 통치자의 탐욕을 가장 핵심적인 요인으로 지적하고 있다. 즉, 통치자가 가렴주구를 하고 강제적인 정책을 시행하며 백성의 고혈을 짜내 수탈하기 때문이라고 통렬하게 비판하고 있는 것이다. 그러므로 마지막 구절, 부유무이생위자, 시현어귀생夫唯無以生爲者, 是賢於貴生은 통치자가 오직 자신의 삶만을 위하여 백성을 괴롭히면 백성들은 죽음을 무릅쓰고 반란을 일으킬 것이며, 그렇게 백성을 다스리기 어려워지게 되면 결국 나라가 붕괴되어 자신이 그토록 소중히 여기고 아끼던 자신의 삶조차도 유지할 수 없게 된다는 사실을 일깨워주고 있다. 일신一身의 부귀영화만을 추구하는 그러한 삶은 반드시 실패할 수밖에 없다는 준열한 경고이다. 동시에 백성들의 삶을 귀중하게 생각하는 그 방법만이 자신의 삶도 귀중하게 여기는 길이며 가장 현명한 방법이라는 점을 말해 주고 있다.

『도덕경』 전편에 걸쳐 노자는 "소득의 양극화"에 일관되게 반대하고 있다. 노자는 '천도天道'의 원칙은 균형, 협동, 조화의 발전인데, 인간의 이기심과 탐욕으로 인하여 양극화가 초래된다고 파악했다. 노자에 의하면, 인간의 도, 인도人道는 승자가 모두 독식하여 재부와 자원이 모두 강자에게 과도하게 집중되게 하는 반면, 천도天道는 조화를 추구하고 자원의 공동 향유를 실현하여 균형을 이룬 이상적 상태에 도달하게 한다.

76장   유약한 것이 도리어 상위에 있다

人之生也柔弱, 其死也堅强.
인 시 생 야 유 약   기 사 야 견 강

萬物草木之生也柔脆, 其死也枯槁.
만 물 초 목 지 생 야 유 취   기 사 야 고 고

故堅强者死之徒, 柔弱者生之徒
고 견 강 자 사 지 도   유 약 자 생 지 도

是以兵强則滅, 木强則折.
시 이 병 강 즉 멸   목 강 즉 절

强大處下, 柔弱處上.
강 대 처 하   유 약 처 상

사람이 살아있을 때 그 몸은 유약하고, 죽으면 굳고 강직해진다.

초목도 살아있을 때는 부드럽고 약하지만 죽으면 단단하고 마르게 된다.

그러므로 굳고 강한 것은 죽음에 속하고, 부드럽고 약한 것은 삶에 속한다.

그러한 까닭에 군대가 지나치게 강하면 망하게 되고 나무도 강하면 잘려진다.

강대한 것은 언제나 하위인 것이고, 유약한 것은 도리어 상위에 있게 된다.

徒도 類유의 뜻으로 "소속하다."의 의미로 해석한다.

유약하고 부드러운 것에는 삶의 기운이 충만하다

노자의 사상은 우주와 자연, 사회, 그리고 인간의 삶을 꿰뚫어 관통하고 통찰한다. 노자에 의하면, 이 세상의 강하고 굳센 것은 기실 이미 절정에 이른 것으로서 그 자체로 삶의 생기生氣를 잃은 것이다. 반대로 유약하고 부드러운 것의 내면은 겉으로 보이는 것과 달리 삶의 생기로 충만해 있다는 역설의 진실을 노자는 우리에게 알려주고 있다. 유약한 곳에 처하고(처약處弱) 부드러운 것을 귀하게 여기는(귀유貴柔) 노자의 사상이 다시 한 번 천명되고 있다.

77장 하늘의 도는 남은 것을 덜어내어 부족한 것을 채운다

天之道, 其猶張弓與?
전 지 도   기 유 장 궁 여

高者抑之, 下者擧之.
고 자 억 지   하 자 거 지

有餘者損之, 不足者補之.
유 여 자 손 지   부 족 자 보 지

天之道損有餘而補不足.
천 지 도 손 유 여 이 보 부 족

人之道則不然, 損不足以奉有餘.
인 지 도 즉 불 연   손 부 족 이 봉 유 여

孰能有餘以奉天下?
숙 능 유 여 이 봉 천 하

唯有道者.
유 유 도 자

是以聖人爲而不恃, 功成而不處.
시 이 성 인 위 이 불 시   공 성 이 불 처

其不欲見賢.
기 불 욕 현 현

하늘의 도, 천도天道는 마치 활을 쏘는 것과 같지 아니한가?

과녁이 높으면 좀 낮추고 낮으면 좀 올린다.

남는 것은 좀 덜어내고 부족한 것은 좀 보충한다.

하늘의 도는 자신의 남은 것을 덜어내어 부족한 것을 채운다.

그러나 사람의 도, 인도人道는 반대로 부족한 것을 빼앗아 이미 넘치는 자신의 것에 더한다.

누가 능히 여유가 있어서 세상에 봉사할 것인가?

오직 도를 가진 사람만이 그렇게 할 수 있다.

그러므로 성인은 어떤 일을 하고도 자랑하지 않으며 공을 세우고도 그 자리에 머물지 않는다.

자신의 현명함을 드러내고 싶지 않기 때문이다.

—— 한자 풀이

損손 "버리다(사舍)."와 통하며, "덜어내다."로 해석한다. 그 다음 구절 손부족損不足의 손損은 "그렇지 않아도 부족한 것을 더 덜어내다." 즉, '부족한데 도리어 더 빼앗는 것'을 말한다.

사람의 도는 부족한 것을 빼앗아 이미 넘치는 자신의 것에 더한다

평등과 균형을 지향하는 노자의 사상이 약여躍如[33]하게 드러나는 글이다. 노자는 위정자들의 가혹한 수탈과 탐욕을 극히 혐오한 반면 백성들이 겪는 고통에 대해서는 깊이 동정하였다. 수탈과 가혹한 정치를 반대하고, 부와 권력의 균형 상태를 지향하는 노자의 사상은 천도와 활쏘기라는 비유를 통하여 절묘하게 묘사되고 있다. 대사대득, 불사불득大捨大得, 不捨不得. "크게 버리면 크게 얻고, 버리지 않으면 얻을 수 없다." 여기에서 손損은 '사捨'와 통한다. "하늘의 도는 자신의 남은 것을 덜어내어 부족한 것을 채운다. 그러나 사람의 도, 인도人道는 반대로 남의 부족한 것을 빼앗아 이미 넘치는 자신의 것에 더한다." 그러므로 부자는 더욱 부자가 되고, 가난한 자, 빈자는 더욱 빈자가 되는 법이다. 폐부를 찌르는 촌철살인의 경구가 아닐 수 없다.

---

33 약여躍如하다: 눈앞에 생생하게 나타나다.

78장   바른 말은 마치 틀린 말과 같다

天下莫柔弱於水.
천 하 막 유 약 어 수

而功堅强者, 莫之能勝.
이 공 견 강 자   막 지 능 승

以其無以易之.
이 기 무 이 역 지

弱之勝强, 柔之勝剛.
약 지 승 강   유 지 승 강

天下莫不知, 莫能行.
천 하 막 부 지   막 능 행

是以聖人云.
시 이 성 인 운

受國之垢, 是謂社稷主, 受國不祥, 是謂天下王.
수 국 지 구   시 위 사 직 주   수 국 불 상   시 위 천 하 왕

正言若反.
정 언 약 반

이 세상에 물보다 더 부드럽고 약한 것은 없다.

그러나 단단하고 강한 것을 공격하는 데에는 물을 넘어서는 것이 없다.

그 어떠한 것도 물을 대체할 수 없다.

약한 것이 강한 것을 이기고, 부드러움이 단단함을 이긴다.

세상에 모르는 사람이 없지만 실행할 줄 아는 사람은 없다.

그러므로 성인은 이렇게 말했다.

"나라의 굴욕을 견뎌야 비로소 사직의 제왕이 될 수 있고, 나라의 재앙을 이겨내야 천하의 군왕이 될 수 있다."

바른 말은 마치 틀린 말과 같다.

—— 한자 풀이

以其無以易之 이기무이역지 역易은 "대체하다."의 뜻이다.

垢 구 '굴욕'으로 해석한다.

不祥 불상 '재난', '재앙'의 의미이다.

—— 깊이 보기

나라의 굴욕을 견뎌야 비로소 제왕이 될 수 있다

다시 한 번 '물'의 덕성을 칭송하는 글이다. 정언약반正言若反, 바른 말은 마치 틀린 말과 같다. 노자가 『도덕경』 전편에 걸쳐 전개했던 상호 대립하여 상반되는 듯하면서도, 상호 융합되어 이어지는 지혜와 역설이 담긴 그 명언들의 개괄이다. 대성약결大成若缺, "가장 완성된 것은 결핍된 듯 보인다."를 비롯하여 대영약충大盈若沖, "가장 충만한 것은 비어있는 듯 보인다." 그리고 대직약굴大直若屈, "가장 곧은 것은 굽은 것처럼 보이고," 대교약졸大巧若拙, "가장 교묘한 것은 서투른 것 같으며," 대변약눌大辯若訥, "가장 뛰어난 웅변은 어눌한 것처럼 보인다." 등등… 대립되는 개념의 양자는 서로 포함하고 융합하며 서로 침투한다. 그리고 통일되어 전화轉化된다. 헤아릴 수 없이 많은 명구名句들은 여전히 우리의 뇌리에서 빛난다.

79장 　천도天道는 사람을 차별하지 않고 언제나 잘 대우한다

和大怨, 必有餘怨.
화 내 원　　필 유 여 원

焉可以爲善?
언 가 이 위 선

是以聖人執左契, 而不責於人.
시 이 성 인 집 좌 계　　이 불 책 어 인

有德司契, 無德司徹.
유 덕 사 계　　무 덕 사 철

天道無親, 常與善人.
천 도 무 친　　상 여 선 인

큰 원한은 비록 화해한다고 해도 반드시 남는 원한이 있다.

어찌 좋게 될 수 있겠는가?

그러한 까닭에 성인은 왼쪽 계契(계약)를 가지고 있는 채권자이지
만 채무자에게 상환을 강요하지 않는다.

덕이 있는 군주는 강제 없이 계약이 완성되도록 하지만, 덕이 없는
군주는 강제로 빼앗는다.

하늘의 도, 즉 천도天道는 사람을 차별하지 않고 언제나 잘 대우한다.

常與善人 상여선인 여與는 "보살피다."의 뜻이다. 그리하여 천도무친, 상여선인天
道無親, 常與善人은 "천도天道는 사람을 차별하지 않고 언제나 잘 대우한다."로
해석한다.

―― 깊이 보기

큰 원한에는 반드시 남는 원한이 있다

'무위'로 다스림으로써 백성을 덕화德化하고 채권자이지만 채무자에
게 상환을 강요하지 않는 것, 이것이 바로 '집좌계이불책어인執左契而
不責於人'의 정치이다. 중국 고대시대에는 계契(계약)를 체결할 때 대나
무에 계약 내용을 새겨 두 쪽으로 나눠 가졌다. 그러고는 왼쪽 편에는
채무자 이름과 부채액을 새겨 채권자가 갖고, 오른쪽 편은 채권자 이
름과 부채액을 새겨 채무자가 가졌다. 그 부채를 갚을 때가 되면 양편
을 맞춰 계약 근거로 삼았다. 이처럼 좋은 정치란 백성들에게 관용을
베풀어 백성들로 하여금 원한을 갖지 않도록 하는 것이다. 반대로 그
렇지 않은 길로 가는 정치는 결국 백성들의 원한을 쌓게 되고, 필연적
으로 위태로워진다. 그러므로 노자는 정치의 가장 좋은 방법은 무위
정치를 시행하고 간섭을 하지 않는 것이라고 권하고 있다.

80장　작은 나라에 백성의 수도 적다

小國寡民.
소 국 과 민

使有什佰之器而不用, 使民重死而不遠徙.
사 유 십 백 지 기 이 불 용　사 민 중 사 이 불 원 사

雖有舟輿, 無所乘之, 雖有甲兵, 無所陳之.
수 유 주 여　무 소 승 지　수 유 갑 병　무 소 진 지

使人復結繩而用之, 甘其食, 美其服, 安其居, 樂其俗.
사 인 복 결 승 이 용 지　감 기 식　미 기 복　안 기 거　낙 기 속

隣國相望, 鷄犬之聲相聞, 民至老死不相往來.
인 국 상 망　계 견 지 성 상 문　민 지 노 사 불 상 왕 래

　작은 나라에 백성의 수도 적다.

　각양각색의 관청이 있지만 쓸 곳이 없고, 백성들로 하여금 목숨을 중히 여겨 멀리 떠돌지 않도록 한다.

　비록 수레와 배가 있지만, 아무도 타지 않고, 갑옷과 무기가 있지만 진열해 놓을 곳이 없다. 백성들로 하여금 순박한 삶으로 돌아가게 하여 맛있게 먹도록 하고 좋은 옷을 입도록 하며 편안히 살게 하고 풍속을 즐기도록 한다.

　이웃하는 두 나라가 서로 바라보고 닭 울음소리와 개 짖는 소리가 들리지만, 결코 전쟁이나 충돌을 하지 않는다.

什佰 십백 '대단히 많은'으로 해석한다.

結繩 결승 문자가 있기 전에 사람들은 결승結繩, 끈을 매는 방식으로 의사소통을
하였다. 여기에서는 '순박한 삶'으로 해석한다.

—— 깊이 보기

닭 울음소리와 개 짖는 소리가 가까이 들리다

노자는 무위無爲와 '다투지 않는' '부쟁不爭'이 실현되는 작은 나라, 소국
과민을 지향하였다. 시종여일하게 무위와 자연을 지향하는 노자로서는
당연한 귀결일 것이다. 『사기』의 저자 사마천은 「화식열전」에서 노자의
소국과민 내용을 소개하며 "만약 노자의 말을 지금의 목표로 삼고자 한
다면 먼저 사람들의 눈과 귀를 모두 막아버리는 방법 이외에 다른 방법
이 없을 것이다."라는 비판적인 시선을 보냈다. 하지만 '소국과민'이라
는 노자 사상에는 전쟁과 수탈만이 횡행하는 현실 사회를 탄식하면서
작지만 평화로웠던 원시사회로 돌아가기를 꿈꾸었던 노자의 희망이
고스란히 깃들어 있다. 또한 여기에는 고통과 전란의 현실로부터 벗
어나고 싶은 백성들의 간절하고 소중한 열망 역시 담겨져 있다.

81장 진실된 말은 아름답지 않고, 아름다운 말은 진실성이 없다

信言不美, 美言不信.
신 언 불 미 미 언 불 신

善者不辯, 辯者不善.
선 자 불 변 변 자 불 선

知者不博, 博者不知.
지 자 불 박 박 자 부 지

聖人不積.
성 인 부 적

旣以爲人, 己愈有.
기 이 위 인 이 유 유

旣以與人, 己愈多.
기 이 여 인 이 유 다

天之道, 利而不害.
천 지 도 이 이 불 해

聖人之道, 爲而不爭.
성 인 지 도 위 이 부 쟁

믿을 수 있는 말은 아름답지 않고 아름다운 말은 믿을 수 없다.
선한 것은 밖으로 드러내지 않고, 밖으로 드러낸 것은 선한 것이
아니다.

지혜로운 자는 모든 것을 알지 못하고, 모든 것을 아는 자는 지혜롭지 못하다.

성인은 인색하지 않다.

힘써 남을 위하여 썼지만 스스로 더욱 충족하다.

힘써 남에게 주었지만 도리어 스스로 더욱 풍요롭다.

하늘의 도는 만물에게 이익을 베풀 뿐 손해를 입히지 않는다.

성인의 도는 남을 위할 뿐 다투지 않는다.

—— 한자 풀이

辯 변 "밖으로 드러내다."로 해석한다.

積 적 "인색하다."의 의미이다.

旣 기 '모두', '전부'의 뜻을 지닌다.

—— 깊이 보기

성인은 인색하지 않다

이 장은 전체 『도덕경』의 마지막 장이자 결론이기도 하다. 전반부 세 구절은 인생의 대의大義를 말하고 있고, 후반부의 두 구절은 치세治世의 요지를 설명하고 있다. 이 글은 첫머리에서 참과 거짓, 선함과 선하지 못함 그리고 아름다움과 추함의 문제를 제기하고 있다. 그러면서 결국 거짓과 다툼 그리고 과시라는 세속적 오염을 벗어버리고 소박함(박朴)으로 돌아갈 것을 역설한다. 인생의 최고 경지는 진眞, 선善, 미美의 결합이고, 그 중에서도 참됨, 진眞이 핵심이다. 여기에서 노자는 모름지기 신언信言, 신뢰할 수 있는 말과 선행善行, 선한 행위 그리고 진지眞知, 진정한 지혜라는 세 가지 원칙을 스스로 지켜나갈 것을 권한다. 그리하여 자신과 진, 선, 미를 조화시킬 것을 말하고 있다. 아울러 노자는 위정자에게 치세治世란 모름지기 백성들에게 인색하지 않게 베풀고 다투지 아니하며 수고롭게 하지 않음으로써 결코 손해를 입히지 않는 것을 강조한다. 이것이 곧 무위의 정치이며, 이러한 정치가 곧 도道의 시행이다.

다시 '노자의 생각'이 절실해진 오늘에

푸른 소를 타고 떠난, 노자老子

노자老子는 기원전 580년 진陳나라 고현苦縣 곡인리曲仁里, 현재의 허난성 녹읍현鹿邑縣에서 태어났다. 본명은 이이李耳, 자는 백양伯陽, 시호는 담聃이다. 주나라에서 오늘날 도서관 직원에 해당하는 수장실守藏室 관리라는 벼슬을 지냈고, 기원전 500년 경 세상을 떠났다. 도가학파의 창시자로서 도교에서 도조道祖, 태상로군太上老君으로 추존되고 있으며, 당나라 왕조에서 이씨의 시조로 추인되었다.

문헌에 의하면, 노자는 홀로 조용히 사색을 즐겨하고 학문을 좋아했으며 지식이 심오하였다. 노자가 스승 상용商容에게 사사받을 때 그는 언제나 근본적인 문제를 탐구했으며, 지식에 대한 갈망이 남달랐다. 풀리지 않는 문제가 생기면 그는 고개를 들어 일월성신日月星辰을 관찰하면서 천상의 하늘이 과연 무엇인가를 숙고하였고, 그러한 생각으로 잠을 이루지 못할 때가 많았다. 스승 상용은 자신이 이미 가르칠 것이 없다고 생각하여 노자를 주나라에 가서 공부를 더욱 깊이 할 수

「노자 초상」

있도록 추천하였다.

주나라에서 노자는 박사博士를 만나고 태학太學에 들어가 천문을 비롯하여 지리, 인륜 등 각 분야의 학문을 두루 섭렵하였다. 그는 모든 분야의 서적을 열람했으며 문물과 전장典章 그리고 사서史書도 모조리 독파하여 그의 학문에 깊이를 더했다. 그러자 박사는 그를 수장실守藏室에서 일하도록 추천하였다. 수장실이란 주나라의 각종 전적典籍이 모두 갖춰져 있던 곳으로 당시 천하의 모든 문헌과 서적들이 수집되어 있었다. 노자는 그곳에서 근무하면서 더욱 풍부한 학식을 쌓을 수 있었고, 그의 이름은 이미 천하에 널리 알려졌다.

주나라 왕실이 갈수록 쇠미해지자 마침내 노자는 그곳을 떠나기로 결심하고 국경인 함곡관에 이르렀다. 당시 함곡관 영윤令尹이었던 희喜는 어릴 적부터 천문을 즐겨 관찰하고 고서古書 읽기를 좋아했다. 그는 노자에게 "이제 당신께서 세상을 등지고 은둔하려 하시니, 간절히 청하건대 저를 위해 부디 한 권의 책을 써주시오."라고 부탁하였다. 이에 노자는 자신의 생활 체험과 왕조의 흥망성쇠, 백성의 안위화복을 거울로 삼고 그 기원을 밝혀 상하 양편으로 '도'와 '덕'의 뜻을 논술하는 오천여 자字의 책을 저술하니 이것이 바로 『도덕경』이다. 『도덕경』 저술을 마친 노자는 푸른 소(청우靑牛)를 타고서 떠나갔다. 그 뒤 그의 종적은 알 수 없다(최근에 이뤄진 한 연구에 의하면, 노자는 함곡관을 떠나 감숙성으로 들어갔으며, 농서隴西 임조臨洮, 란주, 주천 등지를 경유한 뒤 다시 농서 임조에 거처를 정했다. 그리고 임조에서 '비승飛昇', 세상을 떠났다).

만경지왕萬經之王, 『도덕경』

『도덕경』은 원래 상하 두 편으로 이뤄져 상편『덕경德經』, 하편『도경道經』으로 장이 나뉘어 있지 않았었다. 그러다가 뒷날『도경』37편이 앞으로 나오고, 제38편 이후는『덕경』으로 구성되어 총 81편으로 엮어지기에 이르렀다. '덕德'이라는 용어는『도경』상편에 두세 차례밖에 나오지 않는다.

『도덕경』이 언제 완성되었는가는 지금까지 계속 논란이 이어졌던 문제였다. 그러던 중 이제까지 남아있는『도덕경』원본 중 가장 이른 시기의 판본版本인 '곽점초간郭店楚簡'『도덕경』이 1993년 후베이성에서 출토되면서 비로소 완성 연대가 추론될 수 있었다. 이에 따라『도덕경』의 완성 연대는 대략『논어』보다는 늦은 시기인 전국시대 중기 무렵 전으로 보는 견해가 주류로 자리 잡게 되었다.『도덕경』은『노자老子』로 칭해지거나『오천언五千言』,『도덕진경道德眞經』,혹은『노자오천문老子五千文』으로도 칭해지고 있다.

예로부터 노자『도덕경』은 해석본과 원본의 판본이 대단히 많아『도덕경』에 대한 연구와 해석은 상당한 곤란을 겪어야 했다. 먼저 해석본과 관련해서는 일찍이 한비자가 지은『해로解老』와『유로喩老』를 비롯하여 하상공河上公의『도덕진경주道德眞經注』[34], 왕필王弼[35]의『노자주老子注』부터 이영李零의『곽점초간교독기郭店楚簡校讀記』등 현재에 이

---

34 이 책은 가장 오래된『도덕경』의 해석본이다.『하상공장구河上公章句』라고도 칭해진다. 책을 지은 하상공은 은자로서 성과 이름이 전해지지 않았다.

르기까지 수십 수백 종류의 번역본이 존재하고 있다. 이 중 통행본通行
本이라 불리는 왕필의 해석본과 하상공의 해석본이 가장 많이 읽혀졌
다. 뿐만 아니라 원본의 판본版本만 해도 대단히 많다. 특히 1972년 마
왕퇴한묘馬王堆漢墓에서 출토된 『노자』 백서帛書에 의하여 '도경'과 '덕
경' 상하편이 존재한다는 사실이 검증되었고, 이밖에도 돈황敦煌 동굴
에서 발견된 필사본과 은작산銀雀山 죽간본이 노자 연구의 중요한 자
료로 활용되고 있다.

풍운風雲을 타고 하늘로 솟아오른 한 마리 용

『사기』는 공자와 노자의 만남을 소개하고 있다. 공자가 주나라 도읍
에 이르러 노자에게 예禮를 물었다. 노자가 대답했다. "당신이 말하
는 그것은 이미 몸과 해골이 모두 썩어 오직 그 말만 남았다. 다시 말
하자면, 군자는 좋은 시절을 만나면 수레를 타고 관리가 된다. 하지
만 시절을 만나지 못하면 마치 민망초(국화과에 속하는 여러해살이풀)처
럼 바람에 흔들리고 이리저리 떠돌 뿐이다. 나는 이러한 말을 들었다.
'장사를 잘하는 자는 물건을 감춰두고서 겉으로 보면 마치 아무런 물
건도 가지지 않은 것과 같다. 군자는 고상한 품덕을 지니고 있지만 그

---

35 삼국시대 위魏나라 사람으로 24세의 젊은 나이에 요절했지만 어릴 적부터 명석하기로
    명성이 자자하였다. 노자사상에 깊이 심취하였고, 그의 주역 해석은 후세에 권위를 인
    정받고 있다.

산둥성 자상현에 위치한 무씨사武氏祠에서 발굴한 한나라 시대 석각화. 무릎을 꿇고 노자에게 인사하는 공자와 그의 제자들의 모습을 그렸다. 공자의 손에는 기러기가 들려 있는데,《의례·사상견례儀禮·士相見禮》는 사대부가 서로 만나는 예禮에는 기러기를 쓴다고 기록했다.

용모와 겸양함은 마치 우둔한 사람과 같다.' 당신의 교만함과 욕심 그리고 일부러 꾸민 태도와 실제에 부합하지 않은 지나친 꿈을 버리라. 그것들은 당신에게 하등 좋은 점이 없다. 내가 당신에게 말하고 싶은 것은 이 뿐이다."

공자가 하직 인사를 하고 나와 제자들에게 말했다. "새, 나는 그것이 날 수 있음을 안다. 물고기, 나는 그것이 헤엄을 칠 수 있음을 안다. 짐승, 나는 그것이 달릴 수 있음을 안다. 달릴 수 있는 것은 그물을 던져 잡을 수 있다. 헤엄을 칠 수 있는 것은 낚시로 잡을 수 있다. 날 수 있는 것은 화살로 잡을 수 있다. 그러나 용으로 말하자면, 나는 알지 못한다. 그것은 풍운風雲을 타고 하늘로 솟아오른다. 나는 오늘 노자를 만났는데, 그는 한 마리 용과 같구나!"

사마천, 노자를 평하다

『사기』의 저자 사마천은 『사기』·「태자공자서」에서 도가에 대하여 이렇게 평가하고 있다.

"도가는 '무위無爲'를 주장하고 또 '무불위無不爲'를 말한다. 그들의 이론은 실행할 수 있다. 다만 그들의 말은 일반인들로서는 이해하기가 어렵다. 그들의 도술은 '허虛'와 무無'를 근본으로 삼고, '인순因循(과거에 따른다는 뜻)'을 수단으로 삼는다. 고정불변의 형세形勢도 없으므로 능히 만물의 정상情狀[36]을 구명할 수 있다. 사물에 대응하여 반드시 선先을 취하지 않고 또한 반드시 후後에 있지도 않다. 그러므로 비로소 만물을 주재할 수 있게 된다. 법을 사용하거나 사용하지 않는 것은 때에 따라 결정하고, 한 제도의 결정은 반드시 사물과의 조화를 도모한다.

그러므로 '성인은 교활한 음모가 없으며 확실하게 시기 변화의 원칙을 지킨다. 허무는 도道의 영원한 규율이며, 인순因循은 군주가 반드시 파악해야 할 강령이다.'라고 하는 것이다. 실제와 명분이 서로 부합되는 것을 단端이라고 하고, 서로 부합하지 못하는 것을 관窾이라고 한다. 관窾이란 '비다(공空)'라는 뜻으로서 빈 말과 근거가 없는 말을 믿지 않으면 간사한 자와 소인은 곧 적어진다. 또 누가 현명하고 누가 재능이 없는가는 저절로 분별이 되며 무엇이 검고 무엇이 흰가도 당신의 눈앞에 충분히 드러낸다. 이렇게 한다면 그 어떤 일이 잘못되겠는가?

---

36 정상情狀: 있는 그대로의 사정과 형편.

이야말로 곧 '대도大道'를 아는 것이며, 혼돈混沌 그대로 천하에 밝게 빛나고 아무런 명예도 없는 것이다. 사람의 생존은 정신이며, 정신은 형체에 기탁한다. 정신을 지나치게 사용하게 되면 쇠진하고 신체를 지나치게 쓰게 되면 병이 생기며, 형체와 정신이 분리되면 반드시 사망한다. 사람이 죽으면 다시 돌아올 수 없고, 떠나가면 다시 돌아올 수 없다. 그러므로 성인은 그것을 대단히 중시한다.

이러한 점으로 볼 때, 정신은 생명의 근본이며 형체란 생명의 물질이다. 어떤 사람들은 먼저 그 정신을 보호하지 않고서 '나는 천하를 다스릴 수 있다.'라고 말하고 있으니, 과연 그렇게 할 수 있는 것인가?"

한편 사마천의 부친 사마담은 『사기』·「태자공자서」에서 도가 사상에 대하여 이렇게 평가하였다. "도가의 학설은 사람으로 하여금 정신을 집중시켜 행동을 객관적 규율에 부합되게 하고, 또한 만사만물로 하여금 만족을 취하게 한다. 그들의 학술은 음양가가 준수하는 사시의 질서에 의거하여 유가와 묵가의 장점을 모으고 명가와 법가의 요점을 취하여 시대의 변화에 따르고 인사人事의 변화에 조응하여 사람을 대하고 일을 하는 데 있어 모든 조치가 적당치 못한 것이 없다. 따라서 중점을 파악하기 쉽고, 힘을 덜 들이고도 효과는 높다."[37]

---

37 사마천의 아버지 사마담도 역사가이자 사상가였다. 사마천의 『사기』 저술은 물론 아버지의 유언이 있어서이기도 하지만, 아버지가 남긴 사상적 토대가 있었기 때문에 더욱 가능한 것이었다.

노자, 도와 덕과 성인聖人을 말하다

『도덕경』에서 가장 핵심적인 두 가지의 개념은 바로 '도道'와 '성인聖人'이다. '도'는『도덕경』전편에 걸쳐 무려 76곳에 나온다. 그 만큼 '도'는 노자 철학의 중요한 핵심 개념이다. 그렇다면 과연 '도'는 어떠한 역할을 하는가? '도'의 역할은 바로 부단히 그 자체로 돌아와 복원하는 것이다. 우주만물 중에 오직 '도'만 존재한다. 도는 만물을 잉태하고 양육한다. 만물은 이 '도'로부터 결코 분리될 수 없다. 이것이 곧 '반返'이다. '도'란 가장 근본적인 것이다. 그리하여 그것은 비단 '우주의 도', '자연의 도'만이 아니라 동시에 만물 개체의 수도修道 방법이기도 하다.

유가와 도가가 말하는 성인聖人은 서로 상이한 개념이다. 도가에서 성인聖人이란 소리 없는 것을 들으며 보이지 않는 것을 볼 수 있는 사람이다. 능히 지혜를 체득하고 능히 실행하며 '도道'로써 입신처세立身處世하는 사람이다. 우리가 잘 알고 있는 강태공을 비롯하여, "집 밖을 나가지 않았지만 능히 천하의 모든 일을 꿰뚫어 보았던" 전국시대 초나라 선비였던 첨하詹何, 전국시대 위나라 문후의 벗이자 도학道學으로 천하에 명성이 높았던 전자방田子方, 그리고 노자 등이 그 대표적인 인물이다. 한 고조 유방을 보좌하여 천하통일의 공을 세우고도 스스로 물러났던 장량 역시 이 범주에 속한다. 반면 유가에서 말하는 성인이란 천하에 기꺼이 나아가서 천하와 백성의 이익을 위해 헌신하는 인덕이 높은 인물을 가리킨다. 공자가 추앙했던 성인으로는 주 문왕과 주공 그리고 주 무왕을 손꼽을 수 있다.

『도덕경』의 논리 구조는 한 마디로 도道는 체體이고, 덕德은 용用이라 할 수 있다. 즉, 도道는 덕德의 몸, 체體이며, 덕德은 도道의 쓰임, 용用이다. 『도덕경』에서 말하는 덕德이란 일반적으로 이해되는 그러한 유類의 도덕이나 덕행이 아니다. 또한 유가의 이른바 '인의도덕仁義道德'과도 상이하다. 노자가 말하는 덕은 오히려 '선善'과 유사한 개념으로서 도를 익히는 수도자修道者가 반드시 지녀야 하는 특유의 세계관이자 방법론이며 사람됨과 처세의 방법이기도 하다. 결국 노자가 『도덕경』을 통하여 말하고자 하는 요체는 사람들에게 수도修道의 방법을 제시하는 것이다. 여기에서 덕德은 토대이며, 도道는 덕의 승화이다. 덕의 토대 없이는 사람됨과 처세, 치가治家, 치국治國 모두 실패할 수밖에 없고, 따라서 수도의 길로 갈 수 없다. 그러므로 '수덕修德'은 '수도修道'를 위한 외부적인 조건을 창조하는 것이다. 동시에 수도자는 안정된 내면의 정신을 지니고 초탈한 삶을 영위해야 하며, 이 과정에 덕이 결여되어서는 근본적으로 불가능하다.

노자는 상덕上德, 최상급의 덕이란 도로부터 비롯되며, 모든 것이 자연에 순응하는 것으로서 명백하게 '무위無爲'의 특징을 지닌다고 역설하였다. 즉, 자연에 따르는 '도법자연道法自然'의 행위 규범으로 이해된다. 이에 반해 하덕下德, 하급의 덕은 인仁과 의義와 예禮로 구성되어 사람으로 하여금 실제로 실행하고 보급하게 하는 것으로서 명백하게 '유위有爲'의 특징을 지니며 인위적인 행위 규범을 중시한다. 노자의 눈에는, 공자가 주장하는 인의예지신은 기껏해야 인위적인 교화의 결과이다. 그로써는 진정한 무위초탈의 경지에 이를 수 없기에, 그것은 하덕으로 평가 절하된다.

치세治世에는 도교

도교에는 황로黃老사상이라는 별칭도 존재한다. 이는 도교의 시조인 황제黃帝와 도교의 교조教祖인 노자를 합쳐 칭하는 명칭이다. 이처럼 황제는 중국인의 시조만이 아니라 도교의 시조로서 숭앙된다. 황로사상은 본래 전국시대 제나라 직하학관에서 유행되었다. 강태공의 후예이자 제나라 군주였던 강씨姜氏로부터 권력을 쟁탈한 〈전씨田氏〉들의 조상은 황제였다. 그들은 진나라에서 난을 피해 제나라로 망명했는데, 그 후손들은 자신들의 권위를 높이기 위해 진나라 출신인 노자의 학설을 받아들였다. 이렇게 하여 직하학관에서 황로사상이 압도적으로 유행하게 되었다.

중국 한나라 초기에 황로黃老 사상, 즉 무위정치가 성행한 시기가 있었다. 춘추전국 시대의 전란시대를 거쳐, 잔인한 진나라의 학정 그리고 유방과 항우의 천하 쟁패를 겪으면서 백성들은 도탄에 빠졌다. 그리하여 한나라 초기, 이른바 휴양생식休養生息, 여민휴식與民休息이 이뤄졌다. 즉, 전쟁을 멈추고 세금을 축소하며 농사를 권장하여 백성의 삶을 안정시키는 정책이었다. 승상 조참曹參이 전임인 소하의 정책을 아무런 수정 없이 그대로 이어받은 것도 그 대표적인 사례이다. 계속된 전란으로 끝없이 소진되었던 국가 경제는 급속하게 소생되었고, 백성들의 삶 역시 빠른 속도로 안정되어갔다.

한나라 초기 한 문제와 한 경제 시기는 '문경지치文景之治'라 일컬어진다. 번영기가 주는 경제적 안정과 축적을 바탕으로 비로소 한 무제는 흉노에 대한 대대적 정복 사업을 비롯한 전성기를 구가할 수 있었다. 그러나 청정무위를 주장한 도가사상은 이미 비대해질 대로 비대해진 황제 권력과 부합되지 못했다. 그리하여 군주의 절대 권력을 합리화하는 유교가 황제 권력을 뒷받침하는 국가사상으로 요구되었고, 이후 중국 왕조의 역사에서 유교는 흔들리지 않는 굳건한 지위를 구축하였다.

하지만 그렇다고 하여 도가사상이 역사의 전면에서 완전히 자취를 감춘 것은 아니었다. 각 왕조의 전성기를 누렸던 당 태종, 당 현종, 명 태조 주원장, 그리고 청나라 강희제는 모두 『도덕경』을 주해註解할 정도로 도가사상에 심취했었다. 그러한 전성시기에 황제는 경제와 문화 분야에 심혈을 기울일 수 있었고, 이는 일종의 무위정치이기도 하였다. 송나라 시기가 그 대표적인 경우였다. 그리하여 중국 민간에서는 "치세治世에는 도교, 난세에는 불교, 치세에서 난세로 넘어갈 때는 유교"라는 말이 있게 되었다.

지금도 중국에서 도교는 일반인들에게 널리 보급되어 있고, 집 안에 도교 신상을 모시고 매일같이 봉양하는 집이 많다. 중국 각지에도 이른바 '도관道觀'이라 하여 도교의 신상神像을 '공봉供奉', 봉헌하는 사원들이 즐비하다. 중국 10대 도관으로는 베이징의 백운관白雲觀, 우한의 장춘관長春觀, 쑤저우의 현묘관玄妙觀, 저장성의 금화관金華觀, 광저우의 오선관五仙觀, 카이펑의 연경관延慶觀, 룽후산龍虎山의 정일관正一觀, 후베이성의 진무관眞武觀, 산시성의 회선관會仙觀 그리고 허난성의 가응관嘉應觀이 꼽히고 있다.

후베이성 샹양시에 위치한 진무관眞武觀.
명나라 영락永樂 10년(1412년)에 지어졌다.

우리나라의 도교 전통

초등학교 다닐 적에 필자가 살던 마을 이름이 서낭당이었다. 우리나라에 서낭당이라는 마을 이름은 매우 많다. 서낭당은 '마을신'인 성황城隍을 모시는 집, 곧 성황당에서 비롯된 말로서 도교 신앙으로부터 전래된 것이다. 우리나라에 도교가 전래된 것은 7세기 고구려 영류왕 때로서 중국 당나라에서 도사道士가 파견되어 『도덕경』을 강의한 기록이 남아 있다. 또 그 이전 6세기에 그려진 고구려 벽화에는 학을 타거나 약그릇을 든 신선들의 그림이 있다. 신라의 화랑은 상무적인 기풍과 함께 도교 수련자로서의 모습도 지니고 있었다.

개방성이 강했던 고려시대는 도교 역시 애호하였다. 도교 의례를 수행하는 도관道觀이 15곳에 지어졌는데, 대표적인 도관으로는 복원궁福源宮이 있었다. 여기에서 국가를 위한 재초齋醮 행사를 지냈다. 재초의 '재齋'는 심신을 청정하게 하는 것을 가리키고, '초醮'는 제단을 만들어 술과 음식을 바치고 신에게 제사 올리는 것으로서 도사道士가 제단을 만든 후 도교의 여러 신들을 불러들인 후, 청사靑詞라는 축사祝詞를 그 신들에게 바치며 기도하는 의식이었다.

유교 국가였던 조선시대에 도교는 당연히 억제되었다. 국가의 모든 재초 행사는 폐지되었고, 도관도 거의 폐지되어 소격전 한 곳만 남겨졌다. 이 소격전은 세조 때 소격서로 개칭되어 각종 재초 행사를 거행하였다. 그러나 이 소격서는 조광조를 비롯한 신진사대부의 강력한 폐지 요청에 의해 폐지되었고, 이후 잠시 부활했으나 임진왜란 이후 완전히 폐지되었다. 그러나 도교 사상 및 문화 전통은 특히 민간에서 그 명맥이 계속 유지되고 발전하였다. 허준이 쓴 유명한『동의보감』은 도교의 양생술을 많이 인용하고 있다. 조선 후기에 이르러 왕권이 약화되고 사회가 혼란한 상황에서『정감록』을 비롯하여 도참圖讖이나 비기秘記 등이 참위설讖緯說적[38] 민간 도교신앙으로 자리 잡았다. 도참이란 세상과 사람의 운수와 미래에 대한 예언을 가리키는데, '도圖'는 앞으로 일어날 일의 상징, 징후 등을 의미하며, '참讖'은 국가나 사람의 길흉이나 성패 등을 예언하는 것을 말한다. 그리하여 도교는 홍경래의 난과 같은 대규모 반란운동의 배후 사상으로 자리매김하기도

---

38 참위설讖緯說: 고대 중국에서, 음양오행설에 의하여 인간 사회의 길흉화복을 예언하던 학설.

했다. 이러한 흐름 외에도 민간의 도교 수련자들은 계속 그 명맥을 이어왔다. 그리고 이러한 흐름에서 상대적으로 대중적인 세력을 유지해오던 집단들이 조선 후기에 이르러 동학과 증산교로 발전하였다. 이들은 도교의 신을 모시기도 하고 지상地上 신선을 추구하는 등 도교와 관련을 지니고 있었다.

종합적으로 살펴볼 때, 우리나라에는 중국과 달리 교단教團 도교가 존재하지 않았고, 황제黃帝나 노자 대신 환인과 단군을 최고신으로 모시는 등 토착화되었으며 민간 신앙이나 문화적 요소로서의 성격을 강하게 띠면서 그 전통이 면면히 이어져왔다고 할 것이다.

현대지성 클래식 25

도덕경

1판 1쇄 발행 2019년 1월 2일
1판 12쇄 발행 2024년 12월 31일

지은이 노자
옮긴이 소준섭
발행인 박명곤 **CEO** 박지성 **CFO** 김영은
기획편집1팀 채대광, 김준원, 이승미, 김윤아, 백환희, 이상지
기획편집2팀 박일귀, 이은빈, 강민형, 이지은, 박고은
디자인팀 구경표, 유채민, 윤신혜, 임지선
마케팅팀 임우열, 김은지, 전상미, 이호, 최고은

펴낸곳 (주)현대지성
출판등록 제406-2014-000124호
전화 070-7791-2136 **팩스** 0303-3444-2136
주소 서울시 강서구 마곡중앙6로 40, 장흥빌딩 10층
홈페이지 www.hdjisung.com **이메일** support@hdjisung.com
제작처 영신사

ⓒ 소준섭 2019

"Curious and Creative people make Inspiring Contents"
현대지성은 여러분의 의견 하나하나를 소중히 받고 있습니다.
원고 투고, 오탈자 제보, 제휴 제안은 support@hdjisung.com으로 보내 주세요.

현대지성 홈페이지

현대지성 클래식 살펴보기